愛經典

閱讀經典，成為更好的自己。

Oráculo
Manual y
Arte
de Prudencia

智慧書

300則

一生受用的處世箴言

巴爾塔沙・葛拉西安 Baltasar Gracián 著　張廣森 譯

緣起

愛經典

卡爾維諾說：「『經典』即是具影響力的作品，在我們的想像中留下痕跡，並藏在潛意識中。正因『經典』有這種影響力，我們更要撥時間閱讀，接受『經典』為我們帶來的改變。」因為經典作品具有這樣無窮的魅力，時報出版公司特別引進大星文化公司的「作家榜經典文庫」，期能為臺灣的經典閱讀提供另一選擇。

作家榜經典文庫從二〇一七年起至今，已出版超過一百本，迅速累積良好口碑，不斷榮登各大暢銷榜，總銷量突破一千萬冊。本書系的作者都經過時代淬鍊，其作品雋永，意義深遠；所選擇的譯者，多為優秀的詩人、作家，因此譯文流暢，讀來如同原創作品般通順，沒有隔閡；而且時報在臺推出時，每部作品皆以精裝裝幀，質感更佳，是讀者想要閱讀與收藏經典時的首選。

現在開始讀經典，成為更好的自己。

作者簡介

巴爾塔沙・葛拉西安

Baltasar Gracián, 1601-1658

西班牙十七世紀傳奇哲學家、文學家，與《堂吉訶德》作者塞萬提斯齊名。尼采、叔本華、歌德、伏爾泰都是他的忠實讀者，受到他的深刻影響。尼采甚至斷言：在剖析道德方面，整個歐洲沒人能比葛拉西安更為縝密、更為精細。

在葛拉西安的所有作品中，一六四七年問世的《智慧書》流傳廣、影響大，與《君王論》、《孫子兵法》並稱為千百年來人類思想史上具有永恆價值的三大智慧奇書。

新版導讀

巴爾塔沙·葛拉西安是西班牙文學史上與《堂吉訶德》作者塞萬提斯齊名的代表人物。

與同代人相比，葛拉西安的生平經歷可以說是平淡無奇，既不像塞萬提斯那麼坎坷多難，也不像西班牙著名劇作家、詩人洛佩·德·維加那麼放浪不羈。

葛拉西安出生於阿拉貢地區的小鎮貝爾蒙特一個虔誠的天主教家庭，先後在當地、托雷多及薩拉戈薩求學，十八歲那一年加入耶穌會，獲得神父職銜後，教授過文學、語法、神學，當過講經師、軍旅神父、告解神父，也擔任過耶穌會學校校長。他雖然畢生獻身於耶穌會，卻始終得不到修會高層的歡心，以至於正值壯年就鬱鬱而終。

葛拉西安除了是恪盡職守的宗教人士之外，還是思想家、哲學家，對人性、人品、修身、處世等方面研究得十分透徹，對世俗、世風的批判非常尖刻。

作為心繫紅塵的修道士和作家，葛拉西安的絕大部分作品都是假託其兄弟洛倫索・葛拉西安的名字發表的，正是由於這個原因，他才被其所在的修會一再以「未經許可，化名發表有欠嚴肅而且與其身分不符的著述」的罪名予以譴責和處罰，最後竟落到被解除職務、軟禁在家、禁止擁有紙筆的境地。

葛拉西安的第一部作品《聖賢》（一六三七），雖然只是一本僅有二十段短文的小書，卻使他一夕成名。作品援引了許多古代帝王和名人作為範例，但是，用意不在於宣揚他們的成就，而是著重解析他們之所以能成功的品德，寄望於將他們的所有特長齊聚於一人之身，從而造就出理想中的「完人」。他在該書的前言〈致讀者〉中明白宣示「渴想用一本小書造就出一個巨人」，所以，奉獻給讀者的是「修身的標準、導航的羅盤、透過自律而超凡脫俗的要義」。

此後先後出版《政要》、《智者》、《機敏與智巧》、《聖餐禱辭》，葛拉西安的這些著作毫無例外都是講做人的規範和處世理念，有明顯的教化用意：《聖賢》教人成名，《政要》教人垂史，《智者》教人處世，《機敏與智巧》教人作文，《聖餐禱辭》教人寡欲。

葛拉西安三卷本的《漫評人生》，則將敘事與對社會的嘲諷及抨擊融為一體，揭示出了少年及青年時期充滿假象與幻想、縱情與輕狂，以及壯年和老年時期由省悟而深感苦澀的人生歷程，被譽為與《堂吉訶德》並駕齊驅的不朽經典。

德國哲學家叔本華在一八三二年四月十六日的一封信中寫道：「葛拉西安這位哲學家是我最喜歡的作家，我讀過他所有的作品。我認為他的《漫評人生》是世界上最為優秀的作品之一。」他在其代表作《作為意志和表象的世界》中更進一步說道：「《漫評人生》也許是有史以來最偉大、最優美的寓言。」

不過，葛拉西安最重要、流傳最廣的作品，當屬薈萃了三百段作者理想中有關做人、行事原則的箴言錄《做人要義與修身之道》。《做人要義與修身之道》被認為是西班牙文學中最有趣味和最能引人入勝的作品。由於其表現形式為格言，從某種意義上來講，也最能引發讀者思索與聯想。本書是葛拉西安作品中在國外流傳最廣和再版次數最多的一部：僅於一六八六至一九三四年間在德國就先後出現過十個譯本，其中叔本華的譯本從一九三五到一九五三年竟然接連再版了十二次。

有評論家認為，葛拉西安即使沒有寫出《漫評人生》，僅憑《做人要義與修身之道》就足以確立其在西班牙文學史上的崇高地位。叔本華雖然沒能最終實現將《漫評人生》譯成德文的宿願，但是，他的《做人要義與修身之道》的譯本卻成了德語文學的經典。尼采在其遺作及通信中曾六次提及這位西班牙思想家，他斷言「在剖析道德方面，整個歐洲沒人能比葛拉西安更為縝密、更為精細」。

葛拉西安被奉為西班牙語言文學大師，而且他的著作被視為西班牙文學史上的哲學基石。然而，他的歷史地位的認定卻經歷了一個不可思議的漫長過程。

早在葛拉西安還在世的時候，他的作品就已經開始流傳到國外，首先是法國，很快就被介紹到了義大利、英格蘭、荷蘭、德國、俄國、匈牙利、羅馬尼亞，其中尤其是在法國傳播最廣、影響深遠，拉羅什富科、拉布呂耶爾、聖埃弗勒蒙、費奈隆、尚福爾、沃夫納格、伏爾泰及高乃依等道德倫理學家的作品都顯露出其思想影響的痕跡。他的思想對德國十七至十九世紀的哲學家——特別是叔本華和尼采——產生過重要影響。

與這種情況恰成對比的是，在其祖國西班牙，葛拉西安的作品雖然從一六六三年起就接連再版甚至被許多人剽竊，其文學價值卻始終得不到承認，不僅如此，還一再被斥為艱深、晦澀，故而一直被評論界所不屑。直到二十世紀初，西班牙著名作家阿索林、烏納穆諾等一些有識之士才對葛拉西安加以重新認識和評價，還他公道，終於使他得享本應屬於他的尊榮。

葛拉西安畢其一生的精力探討做人與修身的道理，相信他對自己提出的種種規範也一定是謹行不悖，而且也許還真的成為了他自己理想中的「完人」、

「聖人」。然而，毋庸諱言，他的真實人生很不成功：生前沒能得享應享的榮寵，直到死後兩百多年方才被西班牙國內的學界接納和認同，從而成了「牆內開花牆外香」的典型例證。

《做人要義與修身之道》這個書名由我從西班牙原版原文直譯而來，二〇〇二年中文簡體版首度出版，出版十多年來，無數讀者透過各種管道，表達了對這個譯本的喜愛和讚譽。

正因為喜愛者眾多，所以這次藉再版之機，我做了一次全新修訂，儘管工程量遠遠超過預想，總算大功告成。這次修訂，牽涉到理解、表述、文字潤色等諸多方面，也更正了老版本中的許多純技術性的錯誤（如錯別字及打字錯誤等）。個別條目，此次幾乎是重新譯過。

關於書名，原文是*Oráculo Manual y Arte de Prudencia*，作者葛拉西安在談到這本書的時候曾經說過，之所以將「這本有關人生規範概要」的書定名為**Oráculo**（神諭、神命、天意）是因為其內容「精闢而凝練」。綜合其他幾個單詞的含義：**manual**（手邊的、手頭的、伸手可及的），**arte**（藝術、技藝、熟巧、機智），**prudencia**（慎重、審慎），我將之譯為「做人要義與修身之道」。我覺得這樣翻譯更貼近原文。當然，這只是從譯者的角度考慮的結果。

為使更多讀者能夠瞭解這部偉大的著作，作家榜選用了更加簡短和容易記憶傳播的名字《智慧書》。我相信，親愛的讀者，只要您認同或遵行書中的觀念，就永遠不會使自己落入窘境，您就是一個真正有智慧的人。而智慧，永不過時。

張廣森

於北京外國語大學

11

凡事皆天定，唯有做人難”

當下對於智者的要求遠比過去高上七倍，現如今，僅和一個人來往，就需要具有古時候應對整整一個民族的才智。

12

天資與智慧”

天資與智慧是展現才華的兩大根基。少了哪個，都會釀成半途而廢的結局。

只有聰敏是不夠的，還得要有天賦。誤將命運寄望於身分、職位、人脈與家世是傻瓜失敗的根由。

13
做事保有懸念”

對出奇的讚歎就是對成功的欣賞。

和盤托出不僅於事無補，也不會討人喜歡。隱而不宣自會令人浮想聯翩，職位越高所能引發的關注也就越加廣泛。任何時候都要顯得有些神祕，並以高深莫測的態勢讓人敬畏。

即便是在吐露實情的時候，也應力避直白，就像在與人交往的過程中不能對什麼人全都推心置腹一樣。

刻意緘默是慎行的鐵律。已經公開的決策絕對不會得到尊崇，反倒招致非議，而且，一旦出了意外，則必將慘之又慘。所以，面對睽睽眾目，還是效法神明吧。

智勇互濟，成就偉業”

智勇長存，故而造就不朽之人：人有多少知識就有多大本領，智者無往而不利。

孤陋寡聞者，活得渾噩。

兼聽而勤奮，眼明加力行。無勇輔佐，知識難顯其功。

讓人依賴”

神之所以成為神，並非因為身著金裝，而是由於有人膜拜。聰明人更希望的是被人所求而不是被人感佩。相信鄙俗感激是對謙恭期待的漠視，因為，期待歷久難忘，而感激則是事過境遷。

一個人通常都是從別人對自己的依賴而不是感佩中獲得更多好處。人在消除燥渴之後，必定馬上轉身離開泉源；柑橘只要被榨乾了汁液，立刻就會從寶貝變成糞土。依賴關係一旦完結，回報也就必然終止，隨之而去的還有那份敬重之情。

請盡量把延續這種依賴而不令其結束，當作人生經歷中的教訓和輔助手段吧，即便是對頂頭上司，也要使之保有永遠都離不開自己的感覺。不過，萬萬不可達到眼看著他誤入歧途也默不作聲的極端地步，也不能為了一己之私而讓別人遭受不可彌補的傷害。

做人要做到極致”

沒有天生的完人。

操守、事業都是日積月累，漸至極致，從而使美德和聲名齊聚一身：擁有高雅的品味、純正的心機、成熟的思辨、高尚的志向。

有些人永遠都成不了完人，總是缺點什麼，還有些人需要遷延很久才能達到完美的境界。

真正盡善盡美之人總是敏於言、慎於行，能夠被精英分子的特殊群體接納，乃至心儀。

不可逞能蓋主”

落敗總是令人懊惱的事情，而強過主子不是愚蠢就是自尋末路。卓爾不群向來討嫌，尤其是在相對於位居己上者的時候。

一般的長處可以刻意加以遮掩，比如用不修邊幅來掩飾天生麗質。肯在時運和性情方面示弱者大有人在，可是自認才不如人者卻絕對沒有，人君尤甚。

才智是至高的天賦，所以，褻瀆天賦也就成了大不韙的事情。君臨天下者總是希望在這個最重要的方面高居人上。王公貴冑喜歡得到輔佐而不是被人超越。

諫言最好只是提出疏漏之處，而不應直指出才氣不足。流星恰恰給了我們這樣的啟示：儘管同屬發光物體的譜系，而且也的確能夠發出耀眼光芒，卻絕對不敢與太陽爭輝。

不被情感左右
是精神境界的至高表現”

自身的卓越可以使人不被一時的鄙俗情緒所左右。沒有什麼能比把握自己、把握自己的情感更難，因為這是意志的勝利。

即便是在情緒到了難以控制的地步，也不能令其殃及職守，更不可使之損害比職守更為重要的一切其他事務。這是維護自己的聲名，減少、乃至消除不快的文雅方式。

摒棄地域的流弊”

水質會因為流經的河床而變得或好或壞，人會因為出生的環境而有所差異。

每個人都或多或少會受其故土影響，因為那兒的環境更具感染力。所有的國家，即便是最為文明的地方，全都難免會有某種獨具的欠缺，而這類欠缺又總會被其鄰邦出於或警惕或自誇的動機予以詬病。能夠克服、抑或至少是清楚認識這類源於地域的欠缺，應是值得稱道的聰明。

努力去博取出類拔萃的美譽吧，因為凡事都會因為出乎意料而格外受到重視。此外，出身、地位、職位，乃至年齡都可以成為累贅，如果令其齊聚於一身而不是著意加以提防，必定會造就出令人無法忍受的怪物。

錢財與聲名”

錢財有盡，聲名恆久；前者用於生計，後者可以流播。錢財有招致妒羨的可能，聲名則要面對湮滅的前景。

錢財可求，也許還會越聚越多；聲名則是日積月累而成。毀譽源自於人品。從古至今，聲名總是與要人相伴並行，而且一向只取極端：要麼是奸雄要麼是俊傑，不是面對詬罵就是備受稱頌。

結交可師之人”

要從結友中獲得學識，要從交談中汲取教益。要化友為師，將學習的苦心融匯於言來語往的愉悅之中。要盡享與智者交往的樂趣，使所言博得聞者喝彩，藉所聞增長才幹。

一般說來，正是自身的品格——當然是指高尚的——決定著我們是否得以接近別人。有心者只出入於君子賢人那堪稱光明磊落行止舞臺的陋室，而不涉足於奢靡虛華的殿堂。

有些公認的仁人志士不僅能夠以其舉止言談表明自己集所有高貴品德於一身，而且其身邊的親朋好友也必定是溫文敦厚的儒雅之士。

天資與修練

恰好似材料與做工”

不經修飾，無以為美；不加雕琢，璞不成玉。瑕當除，瑜宜顯。人皆生而為善，我們應當自勉。

天生佳材，未予加工也只是毛坯，不經雕琢的結果只會是瑕瑜參半。缺少了修練，誰都難免流俗，所以必須認真打磨，以臻完美。

行事都有動機，只是時暗時明而已”

人生原本就是與人的惡念爭鬥的歷程。

工於心計的人慣用各種狡詐手段；說與做永遠相互背離：口說的只是施放煙幕，其實是佯裝無所用心，力圖出奇致勝並時刻準備否認；先拋出一種說辭以期不被對手注意，隨後又立即加以反駁，讓人始料不及，從而博得先機。

不過，真正聰明的人已有防備，思索著如何應對：總是反向理解並立刻識破任何虛假企圖，略過一切明顯動機，並等著對付暗藏用心，乃至其他招數。

別有用心的人一旦看到計謀得逞，必然會加倍掩飾自己的企圖，並試圖以真亂假。這其實只是變換手法而不改惡癖、以不使計謀為計謀，將自己的狡詐寄望於別人的天真。這就需要認真觀察，明辨其伎倆，揭示出光明遮掩下的暗影，破解其越是簡單也就越是虛偽的真實圖謀。皮同[1]就是這樣以其熱忱來對付阿波羅耀眼光輝的純真。

1 皮同，又譯皮松，希臘神話裡守護德爾斐（又稱皮特）的巨蛇，後被太陽神阿波羅殺死。

24

行事與方式

只有實質是不夠的，還需要有相應的搭配。錯誤的方法會葬送一切，甚至包括理與利。方法得當，一通百通，能使拒絕變得柔和、會讓忠言聽來順耳，甚至可令老人年輕。

如何行事至關重要，謹言慎行能夠討巧，舉止得體是生存的訣竅、是確保諸事順遂的奇妙法寶。

讓他人之智為己所用”

位高權重者之所以成功，在於能夠得到可以為之解惑、排難的聰慧強人輔佐。

善用有識之士是一種不凡的大德，遠遠勝過提格蘭[1]那種強逼降君為僕役的鑾趣。巧妙地使生而強於自己的人臣服是更能把握人生的另一種方式。

學海無涯，人生苦短，不善學者則難以為生。

所以，不勞而增識是超凡的智慧。知眾人之所知，就能化眾人之學為己學。然後就可以公開地代眾言事，或者成為所有諫言者的喉舌，從而假他人之力博得大智大慧的聲名。

智者首先是學有所專，然後又將所學的精髓為其所用。不過，如果不能求知於僕從，則當就教於親朋。

1 提格蘭（約前一四〇—約前五五），史稱提格蘭二世、亞美尼亞國王，在位時期（前九五—約前五五）國勢極為昌盛，曾自稱「萬王之王」，後被羅馬大將龐培征服。

26

心正而後求知”

心正而後求知，才能確保功效卓著。

聰慧一旦與邪念結親，必定貽患無窮。心術不正對劭德而言無異於毒藥，如果再配之以學識，危害更甚。

才高而行惡，實在堪悲！有才學而無頭腦，實為雙倍的瘋狂。

變換行為方式”

為了迷惑別人，尤其是對手，不能總是按照一個模式行事。不要死守初衷，因為別人會發現你一成不變，從而對你有所提防以至於使你遭受挫折。鳥兒如果照直飛翔，很容易被獵殺；若是盤旋騰降，結果自會不同。

也不可以改過之後就不再變化，計謀用過兩次，就會被人識破。高明的弈手絕對不會走出對手已經預料到的棋步。

勤勉與聰慧”

沒有勤勉與聰慧，絕對不可能成器；二者兼具，功成名就輕而易舉。勤勉的凡人會比慵懶的才俊更有作為。用奮鬥去博取功名吧，輕易能夠得手的東西，值不了多少錢。即便是簡單的工作，有些也需要刻苦努力。勤勉很少會掩沒才情。因為，想在高級崗位上做得普普通通，沒能在平凡人中出類拔萃者，常常會以不屑為託詞。然而，本可以在平凡崗位上卓爾不群，卻甘願滿足於在高級崗位上表現平平的人，可就沒有藉口了。所以，天賦和後學兩者都是需要的，發揮決定作用的則是勤勉。

不可先懷奢望”

凡事如果預想得過美，結果一旦不如設想，就會讓人大失所望。

現實永遠都不可能跟設想一樣，因為想像圓滿是容易的，而達到卻很難。想像向來和願望緊密相連，而且總是非常不切實際。結果即便再好也不可能跟預期的一樣，而且，由於好的結果常常會因為期待過高而讓預期落空，於是接下來激起的是失望而不是欣喜。

希望是不同凡響的假象製造者，要用理智去加以校正，力求讓知足勝過欲望。適當的預估是為了喚起興趣，而不是要拿所追求的目標去做抵押。結果好過設想、好過預估是最佳收場。

這一原則不適用於壞事：因為，對壞事，想像得嚴重些反而有益，可以讓人慶幸其沒有那麼壞，甚至讓人覺得，並沒有像原來擔憂的那麼糟糕而變得可以接受。

生逢其時 ”

曠世奇才都是由時代造就而成的。

並非人人都能生逢其時，很多人雖然生逢其時，卻又未能好好把握。有的人就是生不逢時，因為，並非好就一定能夠無往不利。

凡事均有其時，才俊也是應時而生。不過，學識是永恆的，其好處在於：如果此非其時，必將另有許多別的勃發之機。

成功之道”

時運自有其所循之規，對於智者而言，並非全然不可捉摸，而是可以透過人力加以掌控。

有些人滿足於討好地站在命運之神的門前等其賜福。另一些人卻不然，他們繼續前行，因為有節操和勇氣作為助力，能夠理智地毅然與之接近並博取歡心。

不過，說得哲學味一點，那就是：品格加用心是不二的利器，因為成功與失敗，只不過是操作得體與不得體的差別罷了。

廣聞博識”

高雅喜人的學識是有為者的資本，博採一切有用之學，取其精髓、去其糟粕；言談成珠璣、舉止顯灑脫，並能收放得宜。

以戲謔的方式提出警示，常常會勝過一本正經的說教。

對某些人而言，可以融入交談的知識遠比所有的七藝[1]都更有價值。

1 七藝，中世紀歐洲學府中所設置的語法、修辭、邏輯、算數、幾何、音樂和天文學科。

消除瑕疵 ”

真是堪稱美中不足，很少人能沒有品德或生理上的缺陷，這些缺陷原本很容易消除，世人卻常常護短。

一個很小的瑕疵也許會令其所有別的許多長處受損，一片烏雲足以遮住整個太陽，這委實會讓明智的人為其扼腕。

聲名上的瑕疵馬上就會被心懷叵測的人注意乃至矚目。化瑕為瑜才是絕頂聰明。凱撒就曾經用桂冠來掩飾自己天生的缺陷。[1]

1 相傳古羅馬的獨裁者尤里烏斯・凱撒（前一〇〇—前四四）曾用桂冠遮飾自己光禿的頭頂。

約束想像 ❞

對於想像，有時應該遏制，有時卻要助推，因為想像控制著悲喜，乃至會影響理智。

想像猶如暴君，不僅不會止之於思，還會顯之於行，甚至常常會左右生活。視其愚蠢所及的程度，使之變得或愜意或沉重，因為它能夠讓人對自己或不滿或知足。

對一些人而言，想像彷彿蠢材自家的殺手，是持續不斷的折磨；而對另一些人，想像又以輕鬆的自負，承諾了成功與奇蹟。如果不極其慎重地把握，想像完全可能導致各種各樣的結果。

35

能察善辨”

善於思索曾被視為道中之道，但是現在已經不夠了：還需要能夠推導，尤其是在想要避免上當的時候。

做不到能察善辨就成不了聰明人。

有些人就能夠知人心、解人意。至關重要的事理常常在欲言不言中，必須竭盡全力去揣度有心之人：對有利的事，多留點心眼；對討厭的事，寧信其真。

知人弱點”

知人弱點是左右其心的訣竅，這尤其要靠技巧而不是意願：必須知道該從哪裡下手。

無人沒有癖好，而這癖好又因志趣不同而千差萬別。人各有志：有人重名、有人趨利，大多偏愛享樂。

訣竅在於摸清每個人的追求，以便加以調動，瞭解了每個人的真正所圖，就如同掌握了打開其心扉的鑰匙。首先必須找到並非一定是其終極追求的突破口。這突破口大多情況下都很不起眼，因為，人世間縱欲貪歡者總是多於循規蹈矩的人。

對一個人，首先一定要瞭解其脾性，繼而直擊要害，投其所好並最終摧垮其意志。

精勝於博”

完美指的是質而不是量。

舉凡真正的好必定是少而奇：多則必濫。人也一樣，成大事者其實都是現實中的侏儒。有人評價一本書只看厚度，彷彿寫書靠的是手臂而不是腦子。

單純的廣博永遠超越不了平庸，一事無成恰恰是刻意求全之芸芸眾生的通病。精能出彩，如果是在重大的事情上，必成偉業。

切忌流俗”

在品味上萬萬不可流俗。

噢，因為得寵於大眾而心生不悅者，才算得上是了不起的聰明人！凡夫俗子的鼓譟喝彩不會讓有頭腦的人沾沾自喜。有些人瞬息百變以媚俗邀寵，他們不鍾情於阿波羅的溫煦清風，而一味癖嗜俗眾的鼻息。

而在才智方面，則萬萬不可受惑於愚人的妙思奇想，因為那都不過是矇騙傻瓜的把戲，只能讓一般的蠢貨瞠目，卻欺騙不了有真知灼見的人。

剛正不阿”

永遠都要堅定不移地維護正義，絕對不可迫於群情或淫威而逾越正義的界限。

然而，誰又真正能成為這種秉公持正的人傑呢？剛正不阿，從之者寡。很多人對之稱頌有加，卻不肯身體力行；也有人遵從此道，但有一定限度：危難關頭，偽善者將其棄之不顧，官場政客則虛與委蛇。

剛正不阿不計情誼、權勢乃至私利，這就是世人對之規避的原因。奸狡之徒常常會假藉顧全大局或國家利益的巧言作為搪塞。然而，仁人志士卻將虛飾視為背叛，自重於堅毅而不是自恃精明，唯真理是從：如果說是背棄了別人，不是因為自己改變了初衷，而是別人首先背棄了真理。

勿做為人不齒之事”

不能做為人不齒之事，更不能胡作非為，胡作非為只會招毀而不會獲譽。乖僻五花八門，精明之士理當盡數規避。有些奇情異趣一向都同為智者所不屑的事物緊密相關。耽於逐新獵奇之流儘管可以聲名廣布，但主要是貽笑而非流芳。

謹慎的人不可以智者自居，尤其不能做那些可能會令人尷尬、眾口皆非的事情。

趨福避禍”

災禍通常源自愚蠢，而且對與之關聯的人又極具殃及的可能：千萬不能對哪怕是最為微小的禍患開門，因為其背後總是潛藏著更多、更大的災殃。牌戲的妙訣在於恰當取捨：準備出手的最小王牌要比已經出過的最大王牌管用得多。

在游移犯難的時候，正確的做法是親近博學和慎重的人，因為他們遲早會交上好運。

41

討喜的口碑”

享有討人喜歡的口碑，是治人者贏得人心的重要保證、君王得到萬民擁戴的獨到之處。當權者唯一的優勢，就是可以比別人做更多的好事。

善結人緣者得朋友。

與之相反，有一種人怎麼都不能討人喜歡，不只是討嫌或陰險，而是由於為人行事總是有悖親和的常理。

學會規避”

如果說善於拒絕是人生至理的話，尤為重要的是善於拒絕自己的欲念、拒絕有利可圖的事情、拒絕要人。

確實有些耗費寶貴時間的莫名營生，忙得無聊，倒不如無所事事。有心的人光是不管閒事還不夠，更需力求不讓閒事牽連自己。不能一味想著別人，而不顧自己。即便是對至親好友，也不能過分，不能強求人家為所不能。

凡事過則無益，尤其是在與人交往的時候。理智的克制更能夠確保別人的好感和尊重，因為不會損傷至貴的人格。

所以，必須發揚崇尚精美極致的天性，永遠都不要褻瀆自己對高雅品味的忠誠。

知己之長 ❞

知己之最長以補其餘。

一個人如果真能瞭解自己的優勢，必定會在某一方面大有作為。找出自己最為突出的特長並努力發揚吧。有人長於思辨，有人勇武超凡。大多數人都錯用了心智，結果一事無成：單憑興致，悔之已晚。

心中有數”

凡事都應心中有數，大事尤當如此。

蠢人之失在於不用心思：遇事草率，不辨利弊，所以也就不能盡心竭力。有人過分關注細枝末節而忽略關鍵要害，總是本末倒置。有些人原本就缺乏理性，也就不存在喪失理性的問題。

有些事情就是應該仔細掂量並銘記心底。聰明人凡事都會心中有數，不過更加著意於本質和疑難之處，彷彿唯恐慮之不周、留有疏失。

把握時機”

行之與否、是進是退都要看準時機。

這可是要比關注身體變化重要得多的事情，因為，如果說人到四十才找希波克拉底[1]問病是愚蠢的話，那麼，到了那個年紀才向塞內加[2]求智可就是蠢上加蠢了。

善於把握時機是一大技藝：或早就開始等待，因為等待也適用於時機；或努力創造，因為時機總會到來並且出其不意，儘管其行蹤捉摸不定、難以掌控。

發覺時機有利，就應果斷行動：時機常常青睞勇者，甚至，猶如妙齡佳麗偏愛少年。命蹇時乖者不可盲動，韜光養晦為宜，勿令雪上加霜。一旦掌握了時機，就要勇往直前。

1 希波克拉底（約前四六〇—約前三七〇），古希臘名醫，有「醫學之父」之譽。

2 塞內加（前四—六五），古羅馬哲學家、政治家、雄辯家、悲劇作家。

熟知探察招數並加以善用”

熟知探察招數並加以善用，是人際交流中的訣竅。這類招數可以用來探測人的心機，可以憑之對別人的心地進行最隱蔽、最深刻的窺視。

有些招數應該歸之於險惡之列，猶如塗有妒忌之毒、怨懟之鴆的投槍，好似不帶聲光的雷霆，足以使人失勢、毀名。

很多連流言蜚語和異常惡意合力夾擊，都不足以損其毫髮的人，卻因為受到類似此類微詞的中傷，而失去上司的寵愛和下屬的擁戴。

反之，另有一類好的招數卻能助勢壯名。不過，在立意施招的時候，還必須以同樣的熟巧慎重地接招和識破別人使出的招數，早有準備，方能免受其害。

48

功成勇退”

善賭者無不見好就收。勇退與奮進同等重要：功高、功多之時，就該退而守成。

持續順遂終歸堪疑：適可而止更為牢靠，即便是在得意的時候，最好也要留點酸甜滋味。時運的勢頭越是凶猛，就越有衰落和葬送一切的危險。

持續時間的長短和福澤的予奪，或許恰成互補。幸運之神肯定會厭倦於一直背負同一個人。

準確把握時機

並善加促成”

蒼天造物無不漸至完美：前此由弱至盛，後此由盛而衰。人為之事鮮有不能增益者。

恰值物至至善之時享用，是品味高雅之士的超然之處：並非人人皆能如此，亦非所有能如此者均可做到。智慧成果也有其成熟之點，重要的是把握其時，以便珍惜和利用。

得寵於眾”

獲得大家一致敬重很了不起，然而，被人喜愛卻更重要，這在一定程度上屬於運氣，但更多的要靠營謀：以運氣為始，借營謀維繫。

光有優秀的品格並不夠，儘管品格優秀可以得到認同、容易博取好感。因為，表明仁心需要善行，行善要放手，言語隨和、行事仁慈，愛人以求被愛。

謙和是有大成者的最大魅力。

先建業、後立言，從武到文，因為，擁有立言人的寵愛將使你名聲恆久。

切勿言過其實”

千萬注意不可把話說絕，既是為了不冒違背事實的風險，也是為了不讓自己有失慎重。

言過其實等同判斷失度，是見識短淺和品味不高的表現。

溢美之詞能夠喚起好奇、激發欲望，繼而，如果名不副實（通常都是這樣），期待就會化作對騙局的憤怒和對受讚對象及施讚之人的不屑。

所以，明智者總是非常謹慎，寧可失之於不足而絕不失之於過分。

不同凡響畢竟少見：褒獎定當有度。過譽是謊騙的變種，會令品味高雅（十分難得）和聰慧理智（更為難得）的名聲喪失殆盡。

天生霸氣”

天生霸氣是一種隱性的優勢力量。

天生霸氣的人做人行事無須苦心謀畫，而是靠與生俱來的威勢。其他人由於認可其天生威嚴的神祕力量，情不自禁地對之俯首屈從。

這種人是治人之奇才，論其品德堪為人君，視其固有威儀可比雄獅，僅憑其令人仰慕的氣度就能博得別人的傾心乃至擁戴。如果再輔之以其他美德，他們簡直是生就的安邦定國之棟梁，因為他們處事主要靠的是靈性，而別人卻要依賴繁瑣的鋪排。

心向精英，
口隨大眾”

想要違逆潮流不僅難免失敗而且易遭風險。也許只有蘇格拉底可以這麼做。因為否定別人的觀點、異議常被視為侮慢：心生不悅者蜂擁而起，或是同情被質疑的人，或是針對隨聲附和者，真理掌握在少數人手中，昏昏然上當受騙者眾多而鄙俗。

智者之所以能成為智者，絕對不是因其當街發表議論，因為大庭廣眾不是吐露心聲的場合，無論內心深處是多麼不情願，都只能說些人云亦云的蠢話。

聰明人總是既努力避免被人頂撞，也刻意不去頂撞別人：始於責人必定止於被責。

情感是自由的，不能也不應強制。沉默是金。倘若可能，還是應該託庇於少數明達事理的人。

心繫賢達”

惺惺相惜是賢達的特質，因其隱祕也因其向好而成為大自然的奇蹟。確有心相通、性相近的事情，其效應恰如無知凡人所說的迷魂湯藥。這種親近並不只是停留在認知上，因為進而會衍生出好感乃至激發出傾慕之情，能夠無言而折服和無為而功成。這種情感有主動和被動之分，兩種都屬正當而高尚。

瞭解、分辨和促成此種情感是一大智慧，因為，沒有此種暗助，再大的努力也終將一事無成。

慎思而不過慮”

思索不可假裝，更不可外洩。

一切心機都應藏而不露，因為可能引起猜疑；狡計更當如此，因為讓人討厭。欺詐頗為常見：必須倍加小心，卻不能有所表露，否則就會喚起疑心、導致塞責並引發報復，從而造成意想不到的惡果。

三思而後行是做事的要訣，除此之外，更無其他妙法。事情的成敗取決於進行過程中的把握程度。

56

消除反感的心理

我們常常會對別人心生憎惡，甚至是在瞭解其可以想見的長處之前。此種與生俱來並可能使人庸俗的反感心理，也許只是針對名流雅士。要用理智克服這種情緒，因為，沒有什麼比妒賢嫉能更能損害人的名聲。仰慕俊傑是好事，嫌怨則是卑劣。

拋棄執念"

拋棄執念是明智的首要表現之一。

舉凡雄才大略者都有宏圖大志，甚至還會遭遇極端的窘困。從一端走到另一端其路漫漫，而時時刻刻都有難題需要面對：破解之時遲遲不肯到來，因為，面對艱險，抽身遠離要比戰而勝之容易得多。

難題是對理智的考驗，退避要比戰勝更為安全。一次堅持將會導致更加執著的堅持，直至到達臨近崩潰的境地。

有些人受天性乃至民族特性的制約，會很輕易地讓自己捲入責任之中。不過，頭腦清醒的人，時刻關注著自己的處境，知道中途放棄要比堅持到勝利需要更大的勇氣，而且，既然有了鋌而走險的傻瓜，自己又何必步其後塵？

做有內涵的人”

任何事物都是內涵比外表更重要。

有的人徒有虛表，就像是由於缺乏資金而沒能竣工的房子，門廳好似宮殿，內室卻如同茅舍。這種人毫無可取之處，或者說，立即就會丟臉，因為，寒暄過後，無言以對。開始時風度翩翩，好似西西里的名駒，轉瞬之間就變得噤若寒蟬：既然沒有真知灼見，自然無話可談。

這種人能夠輕易糊弄眼淺識少之流，卻矇騙不了心明睿智之士：心明睿智能夠洞察內裡，看得出他們腹內空空，只配做聰明人的笑柄。

明察善斷”

明察善斷者能夠把握事態而不被事態左右。再深，也能立即直透其底；再繁，也能完全理順。

對人，見而能知，論則切中。目光犀利，善於破解最為隱祕的內裡。觀察敏銳，思索入微，判斷明晰：無所不辨、不察、不能、不解。

不可有失自重"

任何時候都不能有失自重，也不可庸人自擾。

讓自身的剛正成為潔身自好的規範，要為自己擬訂嚴苛的戒條，而不是受制於任何硬性的律令。

不行不義是基於源自對理智的敬畏，而不是懾於別人的嚴苛管理。應該努力自愛自持，從而也就無需塞內加所謂的虛擬家庭教師了。

擇善而從”

人在大多情況下都需要加以選擇：選擇意味著高尚的品味、精準的見地，因為，只有學識和智慧是不夠的。

不經揚棄，無以達到極致：揚棄包括兩個內涵，即挑選和擇善。

很多人天生聰慧、機敏、理智、勤奮而博學，但是到了抉擇的時候卻無所適從，總是選取下下者，彷彿偏愛出錯。所以，這是一種至高的天賦。

切忌失態

絕對不說蠢話、不做蠢事，是理智的要義。

大丈夫總是心平氣和，因為，心胸開闊必定絕少激動。衝動是情緒的宣洩，一旦過分就會導致喪失理智，而口無遮攔，勢必損及聲名。

所以，必須知道自持並能做到：無論處境多麼順遂或多麼艱難，都不要讓人指責失態反常，反而因為超凡脫俗而受到尊敬。

敏行與慎思 ,,

敏行是指盡快將久思未決轉化為行動。倉促行事是蠢人的衝動；因為未計艱險，行事魯莽。與之相反，聰明人常常會失之於猶豫不決；從警惕衍生出狐疑。遲疑不決也許會斷送正確的決策。迅疾是成功之本。畢事於當日者收效必顯。馳而不疾是為最好。

果敢加理性

獅子既死，兔子甚至也敢趨前拔毛。不應將勇氣視同兒戲。退縮了一次，勢必就會有第二次，以至於一敗到底。是困難就得克服，宜早不宜遲。

精神上的果敢勝似肉體上的威猛；就像利劍必須永遠都應以理性為鞘，藏而待機。精神上的果敢是人的支撐，精神上的萎靡之害甚於肉體上的孱弱。

很多人原本頗具天分，由於缺少這種豪氣，結果卻形同行屍走肉並最終默然沉淪。蒼天將蜜之甜和刺之銳同時賦予蜜蜂，絕非無意之舉。肉體由精神和骨骼組成，切勿讓精神變為一坨爛泥。

善於等待”

善於等待表明心胸博大、承受力強。任何時候都不急不火。一個人首先要自制，然後才能制人。必須豁出工夫以待時機。審慎的遲延能夠確保達到目的和謀畫周密。

把時間用作武器要比赫拉克勒斯[1]的狼牙鐵棒更為管用。就連上帝施罰都不用棍棒而用機遇。

常言說得好：「給我時間，一個抵兩個。」命運之神對等待的犒賞是巨大的成功。

1 赫拉克勒斯，希臘神話中最著名的英雄，其慣用的武器是弓和狼牙棒。

善用靈機 ”

靈機源自於敏銳。靈機不是倉促和僥倖可得的，有賴於自身的聰慧與警醒。

有人絞盡腦汁，最後卻是一敗塗地，也有人不假思索，反倒無不遂心。相反相成的事例數不勝數：有人越是艱難越能做好；不想不錯、越想越錯的怪傑倒也屢見不鮮；不能即得者，永不可得，不必寄望於日後。

機敏的人值得讚賞，因為他們具有異乎尋常的本領：成思敏捷，行事精明。

深謀無虞 ”

好才是真快。

成之速者，其毀亦速；不過，能歷久者，其成也必歷久。當以至善為所求，唯有成功者方能留存。

深思熟慮可致久遠：價高者難獲，就連最貴重的金屬也是最難提煉而且品質也最佳。

善於藏鋒”

不必對任何人都一視同仁地盡展才情，也不應投以超過必需的精力。不可徒露學識和身價。好獵手不會撒出捕獲獵物所需之外的獵鷹。

切勿總是炫耀，轉日可能會不再讓人仰慕。

必須隨時都有令人刮目之處，日日出新以求別人保持期許、並永遠不致發現自己才盡技窮。

唯求善終”

時運之宮，從喜門而入者常會經苦門走出，而從苦門進入者卻反倒可能會經喜門步出，所以，到了最後的時候，更應關注的是出得完滿而不是入得風光。

始於順遂、終於悲慘是僥倖者常有的結局。重要的不是開場時的俗套喝彩（人人都能得到）而是終結時的普遍不捨（能如願者實屬罕見）。幸福絕少青睞將去之人。對來者媚寵，必對去者不恭。

真知灼見

有人生而睿智，憑藉這種與生俱來的辨識優勢步入知識海洋，未及起步就已經獲得一半的成功。

隨著年齡和閱歷的增長，理性會漸臻成熟，進而鑄就沉穩冷靜的鑑別能力。杜絕一切諸如有悖理智的隨意舉動，尤其是在國是的問題上，因其事關重大，必須萬無一失。

這種人堪稱掌舵之才，或親自操控，或督導指引。

力做強中強”

強中之強方能凸顯於諸強之林。沒有不具某種極佳特質的俊傑。平庸不值得稱道。

要位的顯赫可以使人超凡脫俗並躍升至奇才的層次。

稱雄賤業只不過是矮子隊裡的將軍，可心的事情往往沒有多少榮耀可言。

處優而穎異如具王者風範，讓人欽慕，令人傾心。

與能者共事”

有人希望假藉器具之粗劣彰顯自己才智之奇絕；喜歡危險的自作聰明，當受萬劫不復的懲罰！

部屬的優秀絕對無損於主事的英明，相反，成功的榮耀最後總是記在主事的名下，而失敗的罪責則恰恰相反。聲名永遠都與居首者共行。從來不說「某某有好的或不好的幫手」，而是說「某某精明或昏庸」。

所以，必須認真挑選、仔細考察，不朽功名全要仰賴屬下。

爭為人先”

占先者凸顯。占先而又優秀，其顯倍增。

在平等競爭中，先為者必占優。許多人本該成為業中驕子，只是被人搶占了先機。先為者獨享翹楚之名；後繼者只能爭搶殘羹，功績再顯，終究難免被譏效顰。

英才的精明在於另辟出人頭地的蹊徑，只是首先要讓理智確保成功。智者無不是憑藉標新立異而得躋俊傑之列。有些人就是寧為雞首而不甘牛後。

學會消解煩憂”

免除不快是有益的明智之舉。

審慎能夠避免許多煩惱。審慎是給人幸福的盧西娜[1]，因而，也能給人快樂。對那些蜚短流長，不要傳播，更不能相信，即便不能消除，也一定要設防阻遏。

有些人雙耳失聰，或因習慣了阿諛奉承的甜蜜，或因聽多了流言蜚語的尖刻。還有人就像沒吃毒藥的米特里達梯[2]，每天不找點不痛快就無法度日。為了取悅別人（哪怕是最親近的人）於一時而寧願自己終生不歡亦非自珍之道。

絕對不能以自身的幸福為代價，去博取那不吝指手劃腳卻又置身局外者的歡心。

在任何情況下，只要是遇到必得以自己的痛苦換取他人的快樂的時候，最好還是讓那個他人現在不快，而不使自己嗣後難免痛苦。

1 盧西娜，羅馬神話裡的生育女神。

2 米特里達梯（？—前六三），小亞細亞的本都國國王，相傳，他為了增強抗毒能力以防遭害，每天服食少量毒藥。

高雅品味”

雅趣也需要培養，就跟才智一樣。悟性的高低決定著欲望的大小，以及得到滿足後的快意程度。從喜好的雅俗可以看出品格的高低。量大才能滿足大容，正如大塊的食物是專為大嘴巴而準備、崇高的事業只與高尚的才俊相配。

最為出色者對之心懷懼意，最為完美者難免猜疑；至善者稀，切勿輕易讚賞。品味會在往來中相互傳染並且積久而承襲：能與品味得體者往來實為大幸。

不過，萬萬不可對諸事都看不順眼，因為這是至蠢之舉。如果是故作姿態而並非情緒使然，則就更加令人討厭。甚至有人祈望上帝能夠再造一個世界和另外一些至善至美的事物，以適應其古怪離奇的幻想。

重視結局的圓滿”

有人更為看重過程的規範而忽視意圖的圓滿實現，然而，孜孜的投入總是無法彌補失敗為聲名造成的損失。

成功者無須多做說明。世人大多不會注意具體細節而只關心成敗，所以，只要達到了目的，聲望就永遠不會受損。

好的結果能使一切都變得光鮮，儘管過程中原本有許多失誤。在非如此不能確保成功的情況下，以詐對詐也不失為良策。

選擇被人稱道的行當”

世事大多有賴於世人的毀譽。口碑之於完美就像和風之於花朵：是氣息、是命脈。

一些行當普遍受人歡迎，而另一些雖然更為重要卻不被看好：前者，因為人人得見而深得人心；後者儘管更為重要和美好，由於鮮為人知，受人景慕卻無人喝彩。

王公貴冑中，戰功顯赫者會備受推崇，所以，阿拉貢[1]諸王才會因為勇武善戰、攻城掠地和寬宏大量而那麼被人稱讚。

志向遠大者應該選擇人人得見、人人樂從的行當，並在眾口交讚聲中百世流芳。

1 伊比利亞半島阿拉貢地區歷史上的實力強大的阿拉貢王國，十五世紀末期同其西鄰卡斯蒂利亞王國合併，大體上確立了現代西班牙的疆域。

給人以啟迪

給人啟迪勝似讓人留下記憶。更何況，有時候需要的是記憶，有時候需要的卻是警示。

世人常常會因為不知所措而不能將事情做到恰到好處，這時候，就該用善意的提醒助其大功告成。

頭腦的最大功用之一就是能抓住要害。正是由於做不到這一點，好多事情才會功敗垂成。

能之者，當不吝賜教；需之者，應虛心求助。教之者諄諄，求之者孜孜：但以點到為止。考慮到為使受教者獲益，這樣做尤為重要：應該表現出耐心並能循循善誘。

既已身陷絕境者，就應巧尋出路，大多尋而不得的情況都是沒去尋找。

勿受情緒左右"

從不受制於一時情緒的人堪稱不同凡響。

自省是自警的途徑，是瞭解自己的現實狀態並加以調整乃至改弦更張，以求在本能和刻意之間做出正確決斷的方式。

自知是自律之始，因為確有那種狂放不羈之徒，無時不在某種情緒的控制之下，好惡隨興並因此而喜怒無常，由於總是這麼變化不定，常常南轅北轍。這種恣意不僅耗損心志，還會傷及理智，以致顛倒愛恨。

學會拒絕”

不能對什麼事情和什麼人全都認可和依從。這同善於謙讓一樣重要，位居人上者尤應謹記。

關鍵在於方式。有些人的拒絕比另一些人的認可更容易被人接受。因為好言的拒絕比簡單的認可更能令人心悅。

很多人總是把「不」字掛在嘴邊，事事讓人掃興。他們開口先說「不」，儘管嗣後步步退讓，到頭來還是不會討人喜歡，因為已經有了最初的不快。

對任何事情都不要斷然拒絕，應該一點一點地讓人打消念頭；拒絕不應是全盤否定，那樣會使人斷絕指望。

任何時候都要留下些許希望，從而減輕拒絕引發的苦澀。用禮遇填充實惠的空白，讓好言彌補行動的缺憾。「不」與「是」說說容易，卻需要認真掂量。

切勿前後不一”

做人行事不可朝三暮四，無論是本能使然還是刻意做作。聰明人總是始終如一無可挑剔，這是睿智的證明，要讓自己的變易順應因果的演化。就理智而言，反覆無常絕不可取。

有些人一天一個樣，甚至連智力都會有所不同，更不要說心思和意向了。昨天無所不好，今天無所不壞，這種人無疑是在自毀聲名和招人討厭。

做人要果決”

猶豫不決之弊甚於執行不力。物之損耗，滯大於流。

有人優柔寡斷，凡事都要別人推動。這種人常常並非是困於不能決斷，其實頭腦非常聰明，只是不求效率而已。知難通常是聰明的表現，解難更能顯示智慧。

還有些人精明果斷，無往而不利：這種人是生而有大成者，其清醒的頭腦可以確保決無不當、行無不果。他們所向披靡，解決一個難題之後，尚有餘暇顧及其他；在確有成功把握的時候，做起事情來就更加胸有成竹。

善施脫身之計”

善施脫身之計是聰明人的招數。

他們往往能夠彬彬有禮地擺脫尷尬境遇。笑對難解的爭鬥，瀟灑地全身而退。那位最偉大的統帥[1]的過人之處恰在於此。

改變話題是以禮婉拒的良策，佯作不懂乃自保的妙計。

1 最偉大的統帥，指在南義大利征戰而著名的西班牙軍事領袖貢薩洛·費爾南德斯·德·科爾多瓦（一四五三—一五一五）。

切忌不近人情”

人煙密集之處常有真正的野獸藏身。

拒人千里是那些脾氣隨著地位變易的無自知之明者的惡癖；動輒橫眉豎目不是博取敬重的佳徑。這類隨時都會無端發威、不可接近的怪物實在可惡！下屬不幸需要與之接談簡直如同面對猛虎。這種人時時戒備、事事懷疑。圖謀升遷的時候曾經逢人就諂媚討好，一旦達到目的之後，立即處處發威以圖洩憤。基於職位，本該是眾望所歸；由於乖戾或孤傲，反被冷落、唾棄。

對這種人，最好的懲罰就是隨他去吧，用斷絕交往使之無計可施。

樹雄心、立壯志”

樹雄心、立壯志主要是激勵自己，而不是為了步人後塵。世上本有許多可做成功之鮮活榜樣的英雄豪傑。每個人都應該將其中的佼佼者作為自己的楷模，不是為了模仿，而是志在超越。亞歷山大[1]在阿奇里斯[2]墳前流淚，實際上不是哀悼埋葬在那裡的死者，而是為自己生而未能建立豐功偉業傷心。

別人的榮名猶如號角，最能喚起自己的雄心。只有消除了嫉妒之心的人才能擁有博大的胸襟。

1 亞歷山大（前三五六—前三二三），馬其頓國王，以推翻波斯帝國、遠征埃及並為希臘世界奠定基礎而成為歷史上最偉大的軍事統帥之一，史稱亞歷山大大帝。

2 阿奇里斯，希臘神話裡的英雄。

切忌嬉笑無時”

審慎見於嚴肅，嚴肅要比智巧更能取信。

總是嬉皮笑臉者絕對不可能是認真的人。我們會把這種人視為謊話大王而不敢輕信，或疑其言不副實、或怕自己受其愚弄。沒法知道這種人什麼時候當真，因其彷彿就沒有當真的時候。

嬉笑無時是最大的不恭。一旦背上巧舌如簧的名聲，就會失去理智的信譽。嬉笑當有時，其他時候，則應嚴肅認真。

廣結人緣”

普羅透斯[1]實在精明：遇上智者成智者，遇上聖賢成聖賢。

廣結人緣是一大本事，相投才能相憐。必須觀察每個人的性情（有莊重的、有歡快的）並立即主動變通，去對那些有所需求的人順勢而從。

這種生存的重要智巧需要付出極大的努力，不過，對學識廣博、興趣多樣的人來說，不會很難。

1 普羅透斯，希臘神話裡能夠預卜未來並隨意變化形體的海洋老人。

試探之道 ”

蠢行總是始於冒失，蠢人無不魯莽。蠢人頭腦簡單，先是失察於危難，而後又不能對失敗有所預感。然而，明智者則是小心謹慎，常懷警惕與顧忌；明智者摸索而行，以求無虞。

莽撞之舉，儘管也許會僥倖成功，卻因為謀畫不周而註定了失敗的命運。在深淺不明的地方，應當緩行。必須用心試探、多些沉穩。

現如今，世事多險惡，時刻注意摸索探測為宜。

詼諧的性情”

詼諧，如果能有節制，是長處而非缺點。

任何時候，些許風趣都會發揮調劑的作用。

大人君子者偶爾也會動用普遍討巧的諧謔手段，只是分寸適度、無傷大雅。也有人借用打趣擺脫困窘，因為有些事情——有時恰恰是那些別人特別認真的——本來就該一笑了之。

風趣可以導向平和，而平和可以撫慰人心。

慎於採信”

世事多為聽聞，親眼目睹者鮮。我們離不開別人的說辭：耳朵成了事實的旁門和謊言的主道。

通常的情況下眼見為實、耳聽為虛，真相絕少能夠以其原貌流播，傳得越遠就越會走樣，每次輾轉勢必都會融入述之者的傾向，而那傾向又總是帶有可能打動人心的或喜或嫌的情感色彩。

所以，對讚之者應當戒備，對咒之者更要小心。只有這樣才能藉洞悉傳播者的動機以破解其居心。必須花費心思避虛就實、去偽存真。

不斷再造輝煌”

再造輝煌是鳳凰的天賦。卓異通常也會老去，繼之而來的是聲名黯然。習以為常能夠銷蝕景仰的情懷，而剛剛展現出來的平庸常會勝過衰朽了的超凡。

所以，志向、才思、心境，一切的一切，均須時時更新。

應該永保蓬勃的英氣，就像太陽一樣反覆升騰、不斷地變換輝耀的天地，或以孤高或以獨創廣為博取喝彩或傾慕。

好壞均不可至極”

智者的全部智慧在於凡事都有節制。物極必反，柑橘榨得過頭就會沁出苦澀。即便是好事，也不可至於極端。才思用得過分亦會枯竭。強行吮咂，嘬出來的將不是奶水而是鮮血。

小失可宥 ”

微小的疏失也許反倒更能凸顯長處。

妒忌包含了排斥，越是文明也就越加凶狠：妒忌指責至美罪在無瑕，並因其無可挑剔而百般挑剔。妒忌就像阿耳戈斯[1]，為求自我安慰，執意要從完美中找出缺點。苛責猶如雷電，專門尋找最高的地方施威。

因此，荷馬說不定有時也會打盹，從而，故意在才思或氣度方面露出某種破綻，但在理智上卻總是百無一疏，以期消解邪惡欲念，不使流毒。這就好似將斗篷扔給妒忌這頭公牛，以圖確保自己不朽。

1 阿耳戈斯，希臘神話裡的百眼巨人。

善於利用對手”

對任何事情都應善加把握，不應觸其可能傷人的鋒刃，而要執其可以確保安全的把柄。

此理尤其適用於競技較力的時候。智者得益於對手多似蠢人受教於朋友。怨敵常常有助於清除被親朋視為畏途的繁難。很多人之所以能夠成就偉業，要歸功於自己的對頭。

奉承比憎恨更為凶險，因為憎恨能夠確實讓人彌補被奉承掩飾了的缺漏。

聰明人會將冷眼當成比憐愛更為忠實的鏡子，以消弭或改正自己的缺點。一個人在面對競爭對手或殊死仇敵的時候，其戒備之心必定大增。

莫做百搭”

因好而致濫已成定規。「人人喜愛」最終變成「人人討厭」。一無是處是莫大的悲哀，無不可用同樣也是悲哀：這種人會因為過分得勢而轉向衰敗，本來多麼受寵，嗣後就會多麼討嫌。

一切完美事物都會遭遇這種變數，一旦不像原先那樣以其難得而被珍視，就會因其平庸而遭鄙夷。

避免極端結局的唯一辦法就是表現適中：完美當求極致，顯露應有節制。火把愈亮，也就燃得愈旺、滅得愈快。斂跡藏形反而能夠更受器重。

謹防非議”

人聚遂以成眾，故而，惡眼、毒舌也多。人眾之中常有毀人信譽的非議流播，而非議一旦變成眾口一詞，就會使人聲名狼藉。非議一般起自一次明顯的輕慢、或某些恰可成為街談巷議話題的微小缺點。如果確有可被特定對手——不乏心懷叵測之人——惡意廣為散布的汙點，無須直言抨擊，談笑間立馬就能使英名掃地。

惡名易得，因為壞事容易被人採信，而且還是有口莫辯。所以聰明人總是用謹言慎行應對俗眾的無聊，以期避免這類麻煩，防範要比彌補更容易。

文化與教養”

人生而愚頑。唯修養可使人擺脫獸性。文化可以造就人，文化愈高，人品就愈佳。

正是基於這個道理，希臘才將所有異邦稱為蠻族。無知必定非常粗俗：沒有什麼能比知識更具教化之功。然而，知識如果未經雕琢，原本也是鄙陋的。不只是認知能力需要打磨，欲求也一樣，談吐尤甚。

有人天生就儀態不凡，慧於內、秀於外，成思智巧、出言雋永，身上如樹之皮的衣著得體、心中如樹之果的美德無數。

與之相反，還有另外一種人，真是粗俗不堪得竟至其一切的一切、也許包括其長處，全都因為有著一種可怕得讓人無法忍受的髒汙形貌而黯然無輝。

厚以待人”

厚以待人，以求高遠。君子不行卑瑣。任何時候都不可過分認真，在那些不甚高雅的事情上尤當如此，因為，儘管善察於無意的確是長處，刻意探求可就不然了。通常應該顯露出君子的大度，這是瀟灑的表現。藏而不露是服人的要訣。對親屬、朋友的事情大多都應得過且過，而對對手則是還要再加上一個「更」字。小肚雞腸讓人惱火、惹人生厭。耽於製造不快是一種乖僻，一般說來，有什麼樣的胸襟和能力就會有什麼樣的表現。

自知之明”

必須在性情、才思、見地、情感等各個方面都有自知之明。不自知者不可能自制。

只有能照出容貌的鏡子，卻沒有可以照出心靈的鏡子，應該將理智的反躬自省當成瞭解自己的鏡子；一旦不再關心自己的外表的時候，那就多去關注內心以便修整、完善。

先要瞭解自己有多大的智慧和才情，然後再開始行動；先要弄清自己有多大的承受能力，然後再決定是否堅持下去。面對任何事情，都要對自己的斤兩和本錢有個確當的估量。

長壽之道 ”

長壽之道在於活好。

短命的原因有二：愚蠢和墮落。有人由於不善保養而喪生，有人不知自愛而殞命。

正如德乃德的獎賞，癖是癖的報應。貪歡縱欲者其死倍速，行善積德者長生不死。以心之美律身之行，健康長壽不僅可期而且可及。

不疑而後行”

當事者的失敗之憂在旁觀者眼裡已是失敗之實，如果旁觀者又是其對手，那失敗就更加確定無疑。

如果激情尚在之時就對決策持有懷疑，待到熱情消退之後必然會視之為愚蠢至極。在對是否明智心存疑慮的時候貿然行動是危險的，最好改弦更張。

審慎是理智光耀下的行為方式，容不得萬一。

一件事情還在醞釀就已經受到質疑，又怎麼可能獲得成功呢？既然絕無疑慮的決策也會時有不測，怎能指望從一開始就游移不定、預期不佳的決策會有什麼結果呢？

深思熟慮”

凡事都得深思熟慮。這是行事、講話的首要和至高原則，位高權重者尤當謹記。

一分審慎勝過萬斛機敏。

深思熟慮是通向成功的坦途，儘管不一定能夠得到喝彩，可是，睿智之名已是至高的讚譽。明智之士應該滿足於這一稱許，因為他們的認可就是成功的試金石。

爭做全才”

全才無所不精，一個能抵一群。這種人自己活得無比幸福，並能把這種快樂傳遞給親友。

多能是人生的快事。能夠手到功成是極大的本事，既然蒼天因為人是物華而令之彙聚了所有的天賦，那就讓人力透過對興趣和才智的發揮與培育，使自己成為一個全才吧。

藏而不露”

若想博得眾心仰慕，有心人必須不讓別人摸清自己才智、能力的底細。既要人知，又要讓人知而不透。

不能讓任何人瞭解你的能力極限，以免令其失望。任何時候都不可給人看穿自己的機會：對一個人到底有多大本事的揣度和質疑，會比其真正表現出來的能力（不管多大）都更能引發仰慕的效應。

善用期待”

善於利用別人對自己的期待並時刻使之不斷增大，要讓已有的企望引發更大的希冀，而最好的辦法應該是讓人不斷追加更大的賭注。

萬萬不可剛一出手就罄盡所能，在能力與才學方面厚積薄發、在履職與行事上漸次推進才是上佳之策。

祕藏胸臆”

情緒是心靈的窗口。最有用的知識是掩飾。開誠布公者會有失敗的危險。要以審慎者的精細去應對警醒者的用心。應用烏賊噴墨的方式去抵禦眼似猞猁的窺察。不可讓人瞭解自己的意向，以免被人設計或違拗或逢迎。

實質與表象 ”

事物常常不是以其實質而是以其虛表為人所知的：能內察其實者寡，被外觀所惑者眾。

相貌猙獰，有理也難服人。

大徹大悟”

大徹大悟者是指正直的智者、尊貴的哲人。不過，不應貌似，更不能假裝。推導哲理，儘管是學究的主業，現在卻已名聲掃地。這門明人的學問也已失去信譽。塞內加曾經將其引入羅馬，雖然也曾經時髦過一陣，如今卻已經被視為無稽。

徹悟一向都是審慎的依託、剛正的精粹。

世人互相嘲笑，
其實全是傻瓜”

世界上一半人，以人所共有的傻氣，嘲笑另一半人。要麼一切都好，要麼一切都壞，全憑印象。有人崇尚，就會有人貶斥。以一己之偏衡量一切是令人難耐的愚蠢。

好與壞沒有單一的尺度。口味如人，相貌各異。沒有無人偏好的瑕疵，也不必擔心會有人不喜歡的事物，因為總會有人將之視為珍稀。

得到讚賞不必沾沾自喜，必定還會有人起而攻之。真正可以慶幸的標準，是得到那些確有資格發表意見的有識之士的認同。

世人並非按照同一觀念、同一模式，活在同一時代。

大肚量享大福 ”

若將城府比作人的軀體，絕對不可小覷一副大的肚量，因為體大方有大容。能致遠者不會惑於一時之利，可令一些人饜足之物，卻不足以讓另一些人果腹。

很多人天生薄命，消受不了任何美食佳餚，既不習慣也註定沒有享受高位顯爵的福分；一旦得此待遇，虛榮之氣頓長，就會心亂神迷。這種人位高必險，定會忘乎所以，因為本來就不該有此好運。

所以，有志之士應當顯出尚有更上層樓的餘裕，並力避一切可被視為心胸狹窄的形跡。

人各有威勢”

人非君王，其所有行為卻應在自己的層位上無愧於君王。王者風範就是符合自己身分的高雅舉止、超凡思想。儘管不能成為真正的人君，卻應以王者之態行事，因為真正的威勢在於做人的剛正。自己可以成為人傑的楷模，自然不必欣羨人傑。惟願位居君側者能夠顯出些許真正的不凡，多點王者品格而不是虛妄之氣，不沾驕奢之弊而務高尚之實。

把握職事的脈搏"

職事各有不同，必須準確瞭解和清醒對待。有的需要膽識，有的需要機敏。取決於剛正者易於駕馭，仰賴計謀者難以把握。對於前者，除了好的素質，別無他求；至於後者，無論多麼經心和努力也都不足以應付。

治人最難，如果被治者是瘋子或笨蛋，則會難上加難。和沒有頭腦的人打交道要費雙倍的腦筋。

要求全身心投入的職事令人難以忍受，因為，一個人時間有限而能力是固定的。較為愜意的是那種不惹人厭煩、兼具變化和重要性的職事，因為調劑能夠提高興致。最能自主的是那種獨立性強的職事，最為糟糕的是那種讓人活著受累、死後也不得安寧的職事。

莫要讓人生厭”

做事講話沒完沒了惹人生厭。簡潔既討好又更加有效。簡潔的不足可以由周全禮數來彌補。

好，若是再精，就會好上加好。即便是糟，如果簡短，就會顯得沒有那麼糟。精華之少遠勝於秕糠之多。

人所共知，話多的人很少能夠被人理解，不是條理不清，而是表述不當。有些人不能為世界增彩而只會添亂，就像是廢棄了的器物，人人都會踢上一腳。

精明的人應該力避製造麻煩，尤其不能攪擾重要人物，因為他們全都非常繁忙，冒犯了其中的一位，很可能會比觸怒其餘所有的世人還糟。直截了當才是最好。

切勿裝腔作勢”

炫耀身分比自誇自讚更讓人討厭。硬充人物簡直可惡至極，因其一心只想被人羨慕。尊崇是越想得到就越得不到。尊崇仰賴於別人的敬重，所以，不能強求，而是不僅要配得上並且還要耐心等待。

顯赫職位要求與之相應的權威，沒有那種權威就不能好好履職。一個人必須維護其該有的權威，以期盡到自己的主要責任：權威應該加強，但不能濫用；假借職位作威作福的人，表明其本身根本就不配享有那種權威，實屬人微而位尊。

如果非要找點什麼憑依的話，最好還是求助於自己的品德而不是外在條件，因為，就連君王也得仰仗自己的品格，而不是身負的權勢來博取百姓的敬重。

切勿自鳴得意”

既不可以一天到晚自怨自艾，這是猥瑣的表現；也不可以一天到晚志滿意得，這是愚蠢的證明。

滿足大多源自無知而止於傻歡喜，儘管能夠保有興致卻無助於維護名聲。鑑於無緣於別人的出類拔萃，世人常會醉心於自身的平庸無為。

除了智者，慎獨向來有益：或為事情順遂構思謀畫，或為運蹇時乖尋求慰藉。心有顧忌，可以避免再遭命途挫折。荷馬也許會有打盹的時候，亞歷山大也許可能遭逢失勢和愚弄。

世事取決於多種因素，成功於一時一地的事情，換了場合就可能一敗塗地。然而，愚蠢之所以不可救藥，是因為無端的自滿變成了嬌豔的花朵，而其種子又在不斷萌芽。

做人的捷徑”

做人的捷徑是善於與人並行。與人交往至為有效。不知不覺中，習俗和意趣可以相襲，脾性乃至才智也會互補。

所以，應該努力結交平和之人，同時不忘與其他性情者來往，就會成就溫而不暴的性格。隨和是一大本事。

相反交替令宇宙絢麗並使之得以維繫，既然能致自然諧和，理當更能讓精神諧美。將這警世良言用於選友、擇傭吧，用兩極互通造就出非常完滿的中庸。

切忌尖刻

有人生性暴戾：對什麼都看不順眼，並非由於偏激，而是天性所致。這種人苛以責人，或因其所為，或因其將為。

此種心態甚於凶殘，可稱之為卑劣，總是誇大其詞，甚至將草芥說成棟梁以惑視聽。無論到了什麼地方，這種人都好似苦役船上的監工，總能把樂土變成地獄。如果再加上自己的好惡，必定會將事情推向極端。

與之相反，胸懷淳厚則能化解一切，即便不是刻意為之，也會於不知不覺中奏效。

切莫待到日薄西山時”

智者的格言是主動放棄，而不是坐待被人拋棄。

一個人要學會將死亡本身也變成勝利，因為，太陽常會在光芒正四射的時候躲到一塊雲彩的背後，也許正是為了不讓世人看到其西移的軌跡、並留下是否已經隕落的懸疑。

應該力避夕陽之勢以免失落之痛；不要靜待被人拋棄，以至於在情感上遭到活埋、在聲譽上形同被殺。

聰明人會讓賽馬及時退役，而不會等到那馬在奔跑途中摔倒遭到嘲笑之時。嬌豔美女應該適時地悄悄摔碎鏡子，切莫等到紅顏不再後匆促為之。

廣交朋友”

朋友等於第二個自己。任何朋友都會對朋友有好處、有助益。朋友相幫，萬事順暢。

一個人越被人愛就越有價值，想被人愛就得以誠心換取口碑。最能打動人的是罄盡心力，交友的要訣是付出真情。

我們所能擁有的最突出、最美好的一切全都要仰賴於別人。人都必得或與朋友或與對手相處：每天都應聯絡一個朋友，即便不能成為密友，也要可以友好相與，因為，由於選對了對象，其中的一些人嗣後可能會成為知己。

廣結善緣”

就連至高無上的造物主的主旨都是促成和排布善緣。

善緣通常始自對觀念的認同。有些人過於相信能力以至於忽視運籌，然而，有心人卻清楚知道，本事如果離開了出自好心的襄助必然多所波折。

善意能使一切變得容易並具拾遺補缺的功效；善意雖然並非總能等同勇敢、堅強、智慧乃至機敏等優秀品德，卻能夠使之充分發揮。

善意永遠與醜惡無緣，因為不願與其照面。善意通常源自於性格、民族、親情、國籍和職業等具體方面的互通。善意表現在美德、職事、名望、功績等方面則尤顯高尚。

善意的難得在於贏取，其維繫倒是容易。善意可以謀求並應善加利用。

行運當慮背運時”

夏備冬糧實為明智之舉，而且悠然可得：順遂的時候，人情便宜，示好者眾；背運之際，一切漲價、無不匱乏，故而，綢繆當在雨來前。

應該廣結緣、多施恩，總有一天將會明白今日所輕之可貴。

鄙俗之輩永遠沒有朋友：得意之時，自己不認；背運之際，人家不認。

切忌爭強好勝 ”

一切對抗意圖都會損及聲名，較量失利，勢必自取其辱。搏而能勝者寡。競爭會揭示出禮讓時忽略了的缺點：很多人就是由於沒有冤家對頭而美名播揚。

作對的狂熱會啟動或重提已經被遺忘了的醜聞、翻出前輩和前前輩的惡行。競爭總是從不遺餘力、不擇手段地揭短開始，儘管有時候，而且還是大多情況下，人身攻擊並非利器，世人卻還是常常借之以滿足自己的卑汙報復快意，並讓這報復洋洋得意地將忘海塵埃重新揚起，製造困窘。

善意永遠表現為平和，清名則是以善意為根基。

擔待親人的缺失”

擔待親人的缺失以及醜陋容顏，是依存關係中的相互遷就。有人生性乖戾，讓人無法與之相處又不能不共同生活。所以，逐漸習慣就成了一種智慧，就像面對相貌獰惡的人一樣，要做到見怪不怪。乍見之時自然會感到驚駭，可是，那最初的恐懼會一點一點地消失，心裡有所準備就能消除或承受不快。

結交有擔當的人”

無論什麼時候都應該結交勇於擔當的人。這種人值得信賴、可以依靠。其擔當本身就是與之過從的最大保障，即便是發生不和，這種人也是光明磊落，寧和君子吵架，不與小人爭高下。

小人不可交，因為心術不正，所以，小人之間無真情，因其寡廉鮮恥，而不必待之如賓。任何時候都要遠離不知廉恥之徒，不知廉恥必定不講操守，廉恥之心是剛正的基石。

忌談自己”

任何時候都不要談論自己。

自讚是虛榮，自謫是氣短；言之者不智，聞之者難受。這種情況即便是在親友之間都應避免，身居高位者更不待言：面對大庭廣眾，任何表面上的失慎都是愚蠢。

當面說人短長也屬不智：不是失於諂媚，就是失於貶損，二者必居其一，難免尷尬困窘。

知情達理 ”

博得知情達理的名聲足以被人稱道。知情達理是修養的核心內容，魅力之所在，所以能夠深得人心，而無禮則會遭到鄙夷、激起公憤。無禮，如果是源自狂傲，令人討厭；如果基於粗俗，為人不屑。

禮數宜周不宜欠，不過，卻無對等可言，因為對等可能會蛻變為有失公允：對頭之間的禮遇如同欠債，由此可見其真正的價值。

禮數所費無多，受益匪淺：敬人者必被敬。殷勤與恭敬的好處是都會留有後效：前者對受者，後者對施者。

切勿招嫌”

千萬不可讓人反感，而那反感，即便不去招惹往往也會不期而至。有很多人不知為什麼平白無故就會厭棄別人。

心存惡意必定阻遏人情的回饋。惡念之於傷害比貪欲之於趨利更為立竿見影。有人藉口生性火爆或者脾氣不好而故意與人交惡。憎惡之情一旦萌生，如同偏見一樣，再難消除。這種人懼怕有頭腦者、討厭饒舌者、嫌棄狂妄者、鄙夷偷窺者、遠離出眾者。

所以還是以尊重別人來換取別人的尊重吧，欲得之，必先予之。

講求實際”

就連知識也應以實際為準，沒用的東西必須棄而不學。思維和品味會隨著時代的推移而不斷變易。思維不能固守舊的模式，品味也需順應潮流。

人的喜好，各有不同，當以入時和趨雅為宜：明智者，儘管可能崇尚過去，還是應該在心理上和行為上適應現實。這一做人準則唯獨不適用於心地淳厚，因為，無論什麼時候，做人都得以德為本。

說實話、守承諾如今已經不再時髦，彷彿成了古董；而正人君子似乎是專為美好時代打造，儘管永遠都會受人愛戴；所以，即使還有君子，也是既不多見也不會再有人效法。噢，如今這個時代實在是太可悲了，德稀缺而惡盛行。

既然不能按照自己的意願生活，聰明人就該隨遇而安：甘心接受命運的賜予而不奢求註定得不到的東西。

莫把沒事當有事”

正像有人事事敷衍一樣，有人事事較勁。這種人總是煞有介事，無不當真，或抵死堅持，或困惑迷離。

必須慎重應對的大事並不很多，無須過分認真。對原本應該棄之不管的事情耿耿於心是本末倒置。許多本來該管的事情，不予理會，也就不再成為事情，若要當真，也就變得其大無比。

萬事起頭易，艱難繼後來。良藥時常反致病，聽之任之並非做人的下策。

言威行重”

言威行重，氣熏勢灼，先聲奪人。

威重表現於各個方面：交談、演講乃至行姿以及眼神、好惡。博得人心才是巨大的勝利。

威重與愚蠢的魯莽及煩人的敷衍無緣，而是源於非凡天賦、輔以高尚品格的堂正威勢。

切勿做作”

多些美德，少點做作，因為做作是對美德最為鄙俗的褻瀆。做作，觀之者討厭，為之者也因為不勝其煩和刻意求似而苦不堪言。原本就有的長處會由於做作而失去光彩，因為人家會覺得那長處是強裝假造而非自然天成，而一切屬於自然天成的東西都總是要比人造的更得人心。做作會被認為與其強裝出來的樣子無關。任何事情都是越沒有人工雕琢痕跡越好，以示完美就是渾然天成。也不可以為逃避做作之嫌而強裝沒在做作，並最終跌入做作的泥潭。

聰明人絕對不該讓人看出自知己長，因為這一疏失本身就會引起別人的注意。能夠藏德於心而不藉以邀寵者，實為雙倍的不凡，長此以往必成眾望所歸。

爭為眾望所歸”

能孚眾望的人已經不多，如果是得到有識之士的賞識，就更加值得慶幸。勢衰遇冷，世之常情。得寵於眾，自有其道：德業雙馨確鑿無疑，討喜、高效。

要讓榮名從屬於自己，使人知道是職位需要自己而不是自己需要那個職位：有人能為職位增輝，有人依靠職位獲榮。

因後繼者不才而顯得卓越並非好事，因為那並不表明其為絕對的眾望所歸，而只能同樣被人厭棄。

切勿成為逸聞錄”

關注他人劣行者表明自己已經聲名掃地：有人想藉他人之短來遮掩——如果不是洗刷的話——自己之短，或者是聊以自慰——真是愚蠢至極。這種人的嘴巴臭不可聞，恰好似藏汙納垢的陰溝塹場，誰在裡面翻滾得越凶就越會自汙。

很少有人能夠無可挑剔，或有所長、或有所短。人無名氣，其短不顯。精明的人理當拒絕成為流言蜚語大全，否則定會遭人唾棄，即使活著，也是了無生趣。

犯蠢不是蠢，犯蠢而不知掩藏才是真蠢”

人應藏情，更當藏拙。人皆有失，其差異在於：聰明人能夠彌補已犯之過，傻瓜卻是宣揚待犯之錯。聲名更賴於心智而不是實際。既非聖賢，就該審慎。望高者其失亦顯，恰好似日月之食。

交友之道，切忌露短；如有可能，自己也應置若罔聞。學會忘卻乃是做人一訣，此處同樣適用。

事事從容”

從容是品德的生命、言談的氣勢、舉止的靈魂，是光彩中的光彩。其餘的一切長處全都是天性的點綴，而從容卻是美德本身的華彩。甚至連思維推斷也對之青睞。

從容多為天賜稟賦，後學是輔，因為，甚至就連強行訓練也都不能使之增益。

從容已經超越了自若，更接近於優雅豪爽，意味著坦蕩，能夠增光添彩。離開了從容，美不誘人、巧亦變拙。從容對膽識、聰慧、機敏乃至威儀本身全都至關重要。從容是處事的捷徑、成功的妙訣。

心高志豪”

心高志豪由於能夠提升所有的高尚品格，而成為英雄豪傑必備的主要條件之一：它能陶冶性情、開闊胸襟、拓展思路、提高素質和培植威儀。

無論是到了什麼地方，心高志豪都會脫穎而出。即便是運氣之神妒而掣肘，也會極盡可能、意氣風發地衝破藩籬而凸顯。

寬宏、大度以及一切優秀品質，全都以心高志豪為源泉。

切勿怨天尤人”

怨天尤人勢必損及自己的聲譽，只會令人不屑和討厭而不能博得安慰和同情，還可能導致聽之者效法，述者的怨艾恰可成聽者的辯白。

有人常會因對往事的抱怨招致新的凌辱：原本想要尋求對策或慰藉，卻換來了別人的暗喜甚至是輕蔑。

最好的策略，是稱讚一些人的情義以喚起另一些人的呼應，複述不在場者的恩惠等同於向在場者求賜，是將一些人的信任轉售給另外一些人的方式。

精明的人絕不宣揚自己的挫折與缺點，而是只講那些有助於交友、卻敵的得意壯舉。

實幹與做出實幹的樣子”

事物並非以其實質，而是以其表象為人所識。物有所值，如能令其盡顯其值，所值倍增：眼不得見，形同烏有。即便是真理，如果不具真理的形貌，也不可能得到尊重。昏昏者眾，昭昭者鮮。假象盛行，物以形論。形實不符者確有其事。好外觀是好內涵的最好招牌。

高雅氣度”

襟懷自應有其雅量，亦即精神上的豪爽，而舉止灑脫，自會心曠神怡。

並非人人都能如此，因為這意味著要寬宏大度。首先，要能對對手美言善待，其最能展現的時候是當報復之機來臨之際：不是打消念頭，而是善加利用，越有得手把握就越要將其化為出其不意的寬容。這也是策略，而且甚至堪稱是為政的精髓。

切忌強裝得志，因為沒有什麼能夠強裝得了，而且，就是在確實可以得意的時候，也要坦然加以掩飾。

三思而後行 ❞

反覆思量是穩妥之道，沒有明顯把握之時尤當如此。或認可、或修正，均需假以時間。任何決定都需要找到新的理由作為依據或佐證。

如果事關賜予，審慎之賜會比隨興之予更被器重，只有一如所願才會備受珍惜。如果必須拒絕，應當講求方式，最後的「不」字要說得得體。

大多情況下，待到初始的急迫之情冷卻之後，遭拒的失落才不至於耿耿於心。對求之切者，緩以回應是平抑熱望的良計。

寧可與眾同瘋而不獨自清醒 ”

寧可與眾同瘋而不獨自清醒，這是政客常念的經。如果人人都是瘋子，那癲狂就不會有人發覺；如果只有一個人清醒，那清醒肯定會被認定為癲狂。

隨波逐流是如此之重要：有時候，無知或假作無知恰是大智的表現。必須能夠與人共處，而世人又大多愚昧無知。要想獨自生存，必得非常像神或者變成畜生。不過，我倒是很想將這一格言改稱為：「寧願與大多數人一起清醒，而不獨自發瘋。」

有些人就是希望以其癲狂來顯示自己與眾不同。

開拓生存條件”

開拓生存條件就等於延展人生。

依存不該單一、物事不該局限，不管那依存和物事是多麼脫俗超凡。一切都應加倍翻番，尤其是在涉及利益、恩澤和品味等方面，更當拓展。月有盈虧難長圓，人心易變事無恆。

應當蓄存以備不測，該把增福積裕看作人生之道的要義。正如蒼天使我們最重要、最擔風險的肢體全都成雙作對一樣，我們應當加倍擴充賴以生存的條件。

切忌逆反心理”

切忌逆反心理，逆反是犯傻、是討厭。

要用理智去克服這種心態：凡事設疑可以視作明智的表現，然而，偏頗固執總難逃脫愚蠢之嫌。

這種人總要把甜美的交流化作干戈，如此這般，雖於無涉者並無大礙，卻會招致親友的膩煩。本該是享用美饌的時候，刺梗在喉會更覺難受。掃興之舉恰同此理。這類傻瓜是害群之馬，不僅愚昧而且橫蠻。

擺對自己的位子”

擺對自己的位子是指能夠迅速把握事物的脈絡。

很多人或是為細枝絞盡腦汁、或是為末節費盡唇舌，無論如何就是抓不住事情的要害，老是在一個地方兜來轉去，卻總也搞不清楚關鍵之所在，自己煩也惹人煩。

理不清頭緒的人行事必然糊塗。這種人總是將時間與精力耗費在本該放棄的事情上，卻又因為無暇或無力，而無法顧及那本不該捨棄的事情。

智者自足”

智者必當能夠處理自己的一切事務。身之所負，即其所有。

如果能夠擁有一位足以創建羅馬並創造出宇宙萬物的全能朋友，還是寧願自己就是自己的那位朋友並獨自傲立於天地之間。

既然沒人能在觀念和意趣上勝過自己，還有誰是自己不可或缺的人呢？只應依靠自己，因為，等同於至尊就是至大的幸福。能夠如此特立獨行者絕無冥頑之氣，而是富有智者風範、無異於神明。

放任之術”

當日常生活和親友情誼之海泛起波瀾的時候，尤其應當施以聽之任之之術。人際交流中常會濤翻浪湧，人的情緒也會時有狂風暴雨，每逢這種時候，退而至於可供靜息的安全港灣乃是明智之舉。

很多時候，病痛會越治越重。最好還是順其自然，任憑他人憑著良知去調處。良醫不僅知道什麼時候用藥，還得知道什麼時候不能用藥，有時候，不用方劑反而更顯高明。

要使袖手旁觀、待其自斂成為平息俗世風波的策略，放任一時必能收到後效。

盆水會因微動而渾濁，想使之澄清，力所難及，只能等其自行沉澱。對待人世紛爭，最好的辦法就是任其自流，結果必然是自生自滅。

知時認命 ”

時乖運蹇時而有之。事事不順，儘管行為方式可改，乖舛之運難變。再遇此種情況的時候，理應有所知覺，發現背時，就該收斂。

頭腦亦有渾噩之時，沒人能夠時時清醒。一如落筆成章、思路順暢只是運氣。能否至善有賴機緣。美亦並非一成不變。精明常會有失，有時不夠，有時過分；而為了成功，必得是一切適遇其機。

正像有人事事不順一樣，有人則無往不利，而且還是無須太多著意：一切現成，才思敏捷，神清氣爽，福星高照。當此之時，理當緊抓不放而不錯失哪怕最小的契機。

然而，明智之士萬萬不能以一時的表象判斷順與不順，因為，順可能是僥倖，不順可能是偶然。

辨精識粹”

能夠辨精識粹是高雅品味之福。蜂採花粉以釀蜜，蛇取苦膠以製毒。品味也是如此，有人趨向精粹，有人偏嗜糟粕。

沒有什麼東西完全沒有可取之處，如果是書籍，因為是思想的結晶，而尤為如此。

所以，有些人的天性實在堪悲，置萬般好處於不顧，卻對可能僅有的瑕疵情有獨鍾，對此，有人譴責、有人揶揄：這種人是心智垃圾的收集站，見到的只是瘡痍、缺憾，此乃對其惡癖的懲罰而非其精明的體現，他們活得非常可悲，食苦若飴、將糠粃當美饌。

與之相反，另一些人的品味卻要高雅得多：他們能夠迅疾地從千萬不足中，找出唯一僥倖落入其眼簾的亮點。

切忌自說自話”

不能悅人而自悅鮮有裨益，一般來說，志得意滿通常都會遭人鄙棄。自鳴得意者人見人嫌。

喜歡自說自話沒有好結果：私下裡自言自語是發瘋，當眾自說自聽則是瘋上加瘋。

「我來說說？」以及那句費心積慮想誘使人家認同或誇讚自己的高見的「怎麼樣？」之類的口頭禪是自命不凡者的通病，讓人聽起來很不舒服。妄自尊大的人也願意自說自應，那拿腔拿調的架勢，就是想要傻瓜對其所講的每字每句都用一句煩人的「說得好！」加以附和。

切勿因為固執而護短 ”

因為固執而護短，會讓對手占先、得勢。未戰而先敗，必定丟盔卸甲。以劣對優，絕難反而制勝。搶先占得優勢是對手的睿智，繼後以劣反制是自己愚蠢。

拗於行者比執於言者更為危險，因為做比說更能致害。不較於辯之理、不計於訟之利，是冥頑之徒的鄙俚。

精明者，或有先見之明，或經嗣後調整，總是取理智而忌衝動。如果對手愚鈍，則會針鋒相對地轉向，從而變優勢為劣勢。自己為所當為，是使對手轉優為劣的唯一良策，其愚蠢將令之失勢，其固執會使之落敗。

切忌為脫俗而詭異”

流俗和詭異是兩個有損聲名的極端。凡是有失莊重的事物均屬愚頑。詭異是一種初始之時尚能以新奇和刺激而博得喝彩的欺蒙假象，而後，就會因為露出不雅的真實面貌而威信掃地。詭異是騙術，用於政治，必定禍國殃民。

那些沒有能力或者沒有勇氣以德取勝的人，才會走上詭異之路，雖然能夠取寵於傻瓜笨蛋，卻反襯出了智者的真知。

詭異表現為思想激進，所以有悖於謹言慎行之理，即便也許並非全無所本，至少也是難說有據，大大有失莊重。

欲取先予之策”

未取先予實為求取之道。

即便是在升天這種事情上，教會的經師也會出此妙招。欲取先予極具掩飾功效，因為，用預想的利益做誘餌博取人心，使之覺得自己的利益被置於前，其實只不過是為了迎合其暗藏的心機罷了。

切忌失慎於初始之際，尤其是在不明深淺的當口；對意存抵觸者，更當如此，以期使之不呈規避退讓之意。面對習慣於開口就拒絕的人，則當藏鋒斂鍔，以免令其難啟諾口。

這一警示應當歸入有關心機的箴言之中，因為句句都是至理名言。

切勿暴露自己的痛處”

切勿暴露受傷的手指，暴露就會時時被人觸痛。千萬不能抱怨自己的痛楚，因為心懷叵測的人一定會擊打你不堪擊打的地方。自怨自艾毫無用處，只會讓人幸災樂禍：仇家會伺機讓你暴跳、會不斷地試探你的感覺，千方百計地想要找到你的痛點。

精明的人永遠都不要自作聰明，更不能顯露自己先天和後天的短處，因為，甚至幸運之神有時也會拿戲觸你最為疼痛的地方來取樂。

折磨人總是要選最痛之處，所以，切勿暴露自己的舊痛、新傷：新傷可能讓你斃命，舊痛則會使苦楚綿延。

看到事物的內裡”

事物的表象通常與其內裡大相徑庭，只能看到浮皮的淺薄，在深入了內裡之後就會有一種豁然夢醒的感覺。

假象向來都是先行並能蒙蔽冥頑愚鈍的傻瓜。真相總是隨著時間的流逝，最後才步履蹣跚地遲遲而至。

聰明的人會將蒼天明智地雙倍賦予自己的一半能力留給真相。假象極其膚淺，淺薄之徒立刻就會信以為真。真相深藏在事物的內裡，等待著智者、明人去發掘。

切勿不可接近”

世上沒有絕對不需要別人耳提面命的完人。不聽人勸，愚不可及。再有主見的人也得聽聽朋友的忠言，即便是君王也不能全然拒絕效忠進諫。有些人由於拒人千里而不可救藥，之所以臨崖失足，是因為沒人敢於近前勸阻。

最為剛正的人也得為朋友保有一扇敞開著的大門，那就是求助之門。諍友不可或缺，或警示或苛責，均能直言無忌：這種尊崇源自其盡心竭力，當然還有極端的忠誠與睿智。不是什麼人都配得到這樣的尊重和信任。但是，在內心深處必須將一位知己當成可靠的鏡子，以使自己假其點撥而行不苟容。

熟諳交談技巧”

從交談中可以看出人品。交談是人生中最為平常的活動，所以也就比任何其他事情都更加需要經心。

或成或敗，全賴於此，因為，既然就連寫信這種書面形式的思想交流尚且需要智巧的話，那麼，即刻顯示才思的當面交談就更加需要機敏了啊！行家可以依據一個人的談吐瞭解其人品，所以先哲才說：「若想被認知，就請開尊口。」

有人以為交談的技巧就是不講技巧，好比穿衣，舒服就好。

至交之間容易溝通，話題越是莊重就會越富有內容，並越能顯出其有多少內涵。符合參與者的性情與才智的交談，方能融洽諧和。切勿字斟句酌，否則就會被斥迂腐；更不能找茬挑理，否則將會沒人與之來往與交流。

開口出言，巧勝於多。

善於諉過於人”

善於諉過，亦即找人代受攻擊，是治人者的大略。找人代為承擔過失和非議之苦，並非如人惡意揣度的那樣是無能的表現，而是高超的技巧。

不可能事事完美，更不可能事事讓人人滿意，那就找一個受自家野心之累的倒楣鬼去當代罪羊吧。

善於推銷自己”

己之所長只有其好的內核是不夠的，因為並非人人都能慧眼識珠，也不是人人都能看到內裡。

世人大多都有從眾心理，見人為而為之。

取信是一大智巧：有時需要稱道，誇讚可以引人嚮往；有時需要正名，正名可以收到昇華的奇效，去偽存真。

以專找識貨者為招牌能夠喚起普遍興趣，因為人人都以行家自居，即便不是這樣，奇貨也更能招攬顧客。萬萬不能將事情說得輕易和平常，因為，這樣只會使之顯得低俗而無益於促銷。新奇獨到、賞心悅目，人人喜歡。

慮事在前”

今天要想到明天，以至更遠。最好的決定是有時間思考再作出的決定。有備無虞，有防無患。不能有難再慮，應該慮之在先。對於繁難之處，必須思之再三。

枕頭是無言的名師，凡事，寧可想好了再睡，而不要因為出了麻煩而無法成眠。

有人行於前而思在後，於事無補，只能為失敗找找託辭。更有人事先不慮、事後也不想。人生在世，時時刻刻都得為行必有成費心勞神。慎思而有備，方能活得明白。

勿同障己者為伍 ”

任何時候都不可與會使自己失去光彩的人為伴：包括強於己者，也包括弱於己者。卓爾不群才能受到非凡的器重。

人家總是位居第一，自己就只能退居其後。即便能夠得到些許稱許，必定也是人家的殘羹冷炙。皓月淩空，傲視群星，然而，驕陽一現，不是隱沒就是匿蹤。

絕對不要挨近會令自己黯然失色者，而應該結交能為自己增光添彩的人。正是由於這個原因，馬提雅爾[1]的《神話》中的乖乖女才顯得美若天仙，並被其丫鬟們的醜陋與邋遢映襯得光鮮照人。也不該冒險與小人同行，更不要讓自己的聲名為別人增輝。

成功前，多與傑出人士為伍；成功後，隱身於常人群中。

1 馬提雅爾（約三八—約一〇三），羅馬著名銘辭詩人。

切勿填充巨人之空”

務必要避免前去填充巨人留下的空缺。如果非如此不可，就得具有遊刃有餘的把握。

必須加倍努力，以期做到能夠與前任媲美。正如繼任者能夠做到讓人覺得自己恰如期待是計謀一樣，不令前任使自己黯然失色則就是精明了。

填補一個巨人留下來的空缺很難，因為大家總會覺得過去的比較好。即便是做得一樣好都還不夠，因為仍然處於人家的陰影之中。所以，必須顯示出更大的才華，方能極量消除前任的影響。

切勿輕信與輕愛”

一個人的成熟程度見之於是否輕信：既然大家常說假話，我們更該慎思明辨。

輕易相信勢必造成嗣後的尷尬，但是，也不該對別人的誠信顯露懷疑。懷疑會從失禮轉化為侮辱，因為，那是將對方當成騙子或傻瓜。

這還不是最大的弊端，糟糕的是，不相信就等於是懷疑人家說謊。因為說謊有兩大壞處：既不相信別人，也不被別人相信。

緩下結論是聽之者的明智，而且還應該相信那位說過「輕易示愛也是不夠慎重的表現」的先人[1]，因為，既然能夠虛於言辭，必定也會虛於行動，而以行動加以欺騙的人危害更甚。

1 指古羅馬著名演說家西塞羅（前一〇六—前四三）。

學會控制情緒”

如果可能，要讓冷靜的頭腦來抑制鄙俗的衝動。對於一個審慎的人來說，這不會很難。

衝動始於感到心緒激越，亦即受到情感的左右，漸漸發展到光火的地步而不能控制，繼之而來的就是轉化為暴怒。必須善於及時遏制，因為奔馬難停。在失控的瞬間保持清醒是對理智的巨大考驗。

任何過激的情緒都會導致理智的喪失，不過，有了這一明確的警覺，就不會頭腦發昏和逾越理智的界限。要想有效駕馭激情，必須時刻抓緊警覺這根韁繩，這樣一來，即便成不了最後的理智騎手，至少也算是開了先河。

擇友而交”

朋友必須經過細心核查和窮通考驗，不僅需要意誠，還得為人聰敏。這是關乎人生的大事，卻極少被人重視。

有些人愛操閒心，大多數人都是隨機就緣。人從友識，智者絕不與無知之輩交好，不過，喜歡一個人並不意味將其視為摯友，很可能只是因為可以從其言談中得到愉悅，而並非出於對其才能的信任。

友情有真摯與應景之分，前者可佐成功，後者只供解頤。因人成友者鮮，以利聚首者眾。一位至交的智慧要比許多一般朋友的善意更為實際。

所以，必須加以選擇，而不能只憑機緣，聰明的朋友能夠消災解難，愚蠢的朋友只會招惹麻煩。如果不想失去朋友，就不要希望他飛黃騰達。

切勿對人誤判”

對人誤判是最糟糕和最容易犯的錯誤。

寧可多花錢也不買次貨，沒有什麼能比瞭解人更需要看到其內在本質。

辨人與識貨有所不同，察人稟賦、知人性情是一大學問。應該把人當成書本認真研讀。

知友善用 ”

知友善用自有其訣竅：有人宜遠交，有人宜近處，不宜對談者也許可以成為信友。

距離可以消弭某些眼見難容的缺點。

交友不能只圖愜意，還要講求實效，必須具備好事不可或缺的完整、美好和真實這三大要素。有人將之稱作物本，因為朋友可以兼而有之。可做好友者本來就少，不能善擇使之更顯難得。

固舊比交新更為重要。要與能夠持久的人結交，儘管初始為新，不過，足以讓人感到欣慰的是日久終能成故知。

朋友，絕對是那種能夠甘苦與共的最好，儘管需要經過相當的歷練。沒有朋友如同幽困荒漠。友情既可以添喜又能夠分憂，是抗衡厄運的不二良方和釋懷解頤的妙藥靈丹。

善忍蠢人”

有學問的人總是不善容忍，因為學問越大耐心就越小。識多難悅。按照愛比克泰德[1]的說法，人生的要義是容忍，智慧之半與此相關。

既然一切蠢行均須容忍，必得具有極大的耐性。有時候，越是貼近的人越需要我們容忍，這對超越自我大有裨益。

容忍可以衍生出被視為俗世至福的無上寧靜，而不善容忍的人常常會自閉，然而，即便是對自己，也需要能夠容忍。

1 愛比克泰德（約五五—約一三五），古羅馬哲學家。

審慎出言”

審慎出言：對對手，意在提防；對其他人，以示莊重。開口容易，可是，言出難收。

講話應像立囑：愈是簡明，愈少紛爭。

必須視小如大。深奧可顯神祕。嘴快容易招損和受制。

瞭解自己偏嗜的缺點”

再完美的人也難免會有些缺點，而且還是根深柢固、難以剔除。這類缺點常常表現於才智方面，越是聰慧的人就越加突出和明顯。並非是因為當事者本人不自知，而是由於因愛成癖。兩情交匯：熱衷與癖嗜。

這類缺點猶如花容之痣，別人越是覺得扎眼，自己就越是喜歡。這正是應該勇於自制之處，並從而凸顯其他優點。

人人都會發現那些缺欠，在本該讚歎其令人瞠目的卓絕之時，反而倒會專注那些因為玷汙其他長處而貶損其人品的地方。

善制對手與敵意”

對於對手與敵意，漠視固然穩妥，卻不夠，而是應以寬宏大度待之。沒有什麼能比對詆毀者美言誇讚更為值得嘉許。沒有什麼能比以令嫉恨者自慚和痛苦的成功與美德加以報復更值得稱道。

自己每獲得一項成功，都意味著拉了一下繫在嫉恨者脖子上的繩索，自己的榮耀就是對手的磨難。讓自己的成功成為對手的毒藥是最好的懲罰手段。嫉恨者不會驟然死去，被嫉恨者每次博得的喝彩，都會使之經歷一次死亡的痛楚：一方的名望與另一方的苦澀相與並行，一個節節成功、一個痛無盡期。

成功如同號角，在高歌一個人不朽的同時宣告著另一個人的死亡，使其耿耿於心的嫉恨永難消解。

切勿因同情不幸，反遭被人同情的不幸”

某些人的不幸恰是另一些人的大幸。沒有許多人的不幸也就不會有個別人的大幸。

不幸者自會博得眾人的憐憫，並使之願意以無謂的好心去彌補時運對其所施的戲弄。也許確實有過發達時人人厭棄、背運時人人同情的事例。對顯赫的嫉恨於是轉而化作了對沒落的歎惋。

然而，聰明人應該知道時運無常。有些人只與背時者為伍，今天因其不幸而加以同情的，恰是昨天因其運通而趨避之人。這也許是天性高尚的表現，卻並非明智之舉。

放風試探”

對某些事情，特別是那些對其是否妥當和可取程度尚存疑慮者，應當先看看其他人的反應和接受程度。需要確保成功並留出進退的空間。瞭解了相關的意向，有心人也就確知了自己的處境：需求、祈望和決斷均需慎之又慎。

光明磊落”

光明磊落，明智的人也可能被迫出戰，但不會不擇手段：每個人都應以自己的做人方式行事，而不能屈從於形勢。

競爭中的君子風度值得稱讚。獲勝，不僅是要在實力上而且也要在方式上。運用卑鄙手段得手不是取勝，而是降服。

坦蕩向來都是強勢的表現，君子永遠都不會仰仗暗器，情斷嫌生後的手段就屬此類，因為不能將信任作為報復工具。任何具有背信棄義性質的舉止都會汙損聲名。講求信義者絕無絲毫卑劣心理，必定會鮮明地界定高尚與卑鄙的區別。

務必謹記：君子風度、仗義與誠信即便已然絕跡於塵世，也一定要將之留存在自己的心裡。

分辨一個人是長於言還是長於行”

分辨一個人是長於言還是長於行，是確認朋友乃至其迥然不同的人品和用處的唯一方式。

口無好言卻不做壞事者已經不好，然而，口無惡言卻不做好事者更壞。言語如清風，不能當飯吃；客套是婉轉的欺騙，不能解渴消飢。用光捕鳥，純屬瞎晃。

貪慕虛榮者喜歡浮言輕諾。言為行質，所以，說了的話要算數。不結果只長葉的樹通常無心，應該善加分辨：有的可以取實，有的只能遮蔭。

學會自助”

大難之時最可憑依的莫過於堅強的心，而稍有猶疑，就需要與之相近的器官加以補充。

能夠自立的人，磨難相對要小。切勿向命運低頭，否則將會令其不堪忍受。有人在工作上自助能力較差，由於不善料理，而倍感辛苦。

有自知之明的人能夠透過自省來克服弱點，而精明之士則能無往而不利，甚至可以改變命運。

莫做愚蠢的怪物”

愚蠢怪物，是指所有那些虛榮、狂妄、執拗、任性、自負、乖戾、忸怩、討巧、獵奇、無常、偏激，以及其他各式各樣的荒誕怪異之徒。他們全都是令人討厭的丑類。

精神上的畸變，因與至美相悖，其醜甚於肢體上的殘疾。然而，誰又能矯正得了如此氾濫的荒謬現象呢！在那失去了判斷能力的地方，必定容不得規勸與指點，原本是揶揄的調侃，卻被當成了臆想中的誇讚。

百得之功不抵一失之害”

驕陽當空，無人關注；蝕象一現，舉世仰望。眾口流播的不是一個人的功績，而是其失誤。可資非議的壞人遠比值得稱頌的好人更易出名。很多人只是在作奸犯科之後才為世人所知。所有的好處全都加在一起，也不足以抵消一個消極面的汙點。

人人都應明白：心懷叵測的人會牢牢記住你的每一個過失，卻看不到你的任何長處。

凡事有所保留"

凡事有所保留是確保無虞之策。資源不可一次用盡，力量不可一發而竭。即便是學識，也應留有儲備，以期取得好上加好的功效。

無論什麼時候都應保有解難救急之法。救助強似一意孤行，因為，這是勇於取信的表現。

明智之舉總是萬無一失。即便是在這個意義上，「半勝於全」這一尖刻的悖論也是真理。

切勿濫用人情”

重要的朋友要留待重要的時機，萬萬不可將大義用於小事，否則就是浪費人情：絕妙的招數總是要留給最後的關頭。將榱做椽，何以為榱？

當今的世界上，沒有什麼能比靠山更為有用，沒有什麼能比決定成敗乃至智愚的人情更為值得珍惜。就連命運之神都要妒羨蒼天與名望賦予智者的一切。

善結人緣至為重要，應把人緣置於錢物之上。

莫與無所可失者較勁”

與無所可失者較勁是不公平競爭。人家，甚至連臉面都早已喪失殆盡，所以，可以無所顧忌。這種人既然已經一無所有，也就不會再有所失，因而就會不擇手段。

絕對不可以讓至為寶貴的聲名去冒如此巨大的風險。多年的辛苦所得會因一時氣盛而毀於一旦。一次閃失足以使大量的晶瑩汗水幻化成冰。

有失之虞會讓有識之士謹言慎行。慮及自己的聲名，自然就會審視對手；既然賠上了小心，自然就會為及時退避、挽回聲名留有餘地。冒有失之險而蒙受的損失，是連勝利也無法彌補的。

切勿成為
待人接物中的玻璃人”

切勿成為待人接物中的玻璃人。結交朋友的時候，更加不能如此。

有些人顯得極其脆弱、動輒受損。自己像是受氣包，也讓別人難以忍受。這種人彷彿比眼睛的瞳仁還要嬌嫩，容不得或真或假的觸碰，即便是粉塵（更別說沙礫）也會使之受傷。

跟這種人打交道需要陪盡小心，必得時時刻刻規避其弱點、迎合其脾氣，稍有不慎，就會惹其翻臉。

這種人往往極其自我，唯自己的好惡是從（可以為之不顧一切）、唯自己的面子是尊。作為情人時的心態，則是其恆其堅半似鑽石。

切勿活得匆忙”

善於鋪排才是善於享受。

很多人苟延生命卻無幸福可言，常常是因為不知享受而使樂事成空，嗣後追悔已為時太晚。

這種人是生命的御夫，不滿足於時光的自然流逝，而要費心積慮地強行驅趕。他們妄想一天之內就吞下也許終生都難消化的美饌。他們超前享樂、預支年華，由於操之過急，轉眼之間就得面對凋零。

即便是求知，也需有方，不可生吞活剝成半解。

歲月悠悠，喜慶有限。享樂宜緩，做事應速。功績，成功為好；享樂，過後即了。

做實在的人”

實在的人不會喜歡不實在的人。沒有實在根基的名望不會有好的結果。並非是人，就能成為漢子：那些耽於幻想、止於甘言的謊騙之徒就不是，還有另外那些與之類似、支持他們並更喜歡虛幻（因其說出了一個很美的謊言）而不喜歡實在（因其揭示一個平淡的真理）的人也不是。這類人一廂情願的欲望終難兌現，因為沒有堅實的根基。

只有真實才能造就真正的名望，只有實在才能產生效益。一句謊話需要許許多多的謊話的支撐，於是就最終彙聚成為了一個騙局。騙局是空中樓閣，必將難逃倒塌的命運。不實絕對不能長久：其豐厚的承諾足以令人起疑，正如過猶不及。

自知或就教於知者”

沒有才智就無法生存，而這才智或源自於自身或屬於求取而得。不過，很多人意識不到自己無知，還有些人本來無知卻又自以為知。愚蠢之為病則無藥可醫。無知者而又不自知，自然也就不會去彌補自身的不足。有些人如果不是以智者自恃，說不定真的會成為智者。正是由於這個原因，大智之士，儘管鳳毛麟角，卻都無所事事，因為，無人趨而就教。求教無損於人格的高貴也不表示低能，反而可以獲得讚譽、增長才幹。若想不受困，就得有理性。

與人交往時，切勿過分率直”

既不要對別人過分率直，也不要讓別人對自己過分率直。率直很快就會失去因莊重而有的威儀，繼而就是失去敬畏。星辰因距我們遙遠而得以保持熠熠光輝。神明需要的是威嚴。

仁厚之舉容易招致輕慢。人際之間過從越多就越為不利，因為，交往會暴露刻意掩飾的缺點。跟任何人都不宜過於率直。對強於己者，會有風險；對弱於己者，會傷尊嚴；尤其要遠避粗俗小人，這種人會因愚蠢而膽大妄為，並且常常會錯把恩惠當成是應分。

平易是鄙俗的近親。

要相信直覺”

要相信直覺，尤其是在面臨考驗的時候。永遠不要違背直覺，直覺猶如家神，常常能夠給人以重要的啟示。

很多人恰恰就是因為自己原本最為憂慮的事情而喪生，然而，憂而無為又有何益？有些人具有直覺特別敏銳的長處，總能預感到危難並制訂出防患之策。

對待禍殃，屈而受之是為不智，迎而勝之才是高明。

深藏不露是能力的標誌”

胸無隱祕如同展開的書信。有城府才能藏得住機密，因為，只有這樣，宏圖大略方有可能找到富裕的空間與隱藏之處。

為人應能自制，只有做到了這一點才能算是真正的勝利。向多少人袒露胸襟就是對多少人展示自己。審慎之訣在於自我節制。

深藏不露之難在於外在的誘逼，即使是最為審慎的人，也難免面對頂撞而不改容、面對試探而不暴怒。

要做的事情不必掛在嘴上，說出口的事情不必真做。

莫以對手之所為律己”

蠢人永遠都不會做智者認為應該做的事情，因其不知好歹。聰明人也不會按照蠢人的想法行事，因其有著能夠使自己清醒的睿智乃至警惕。

凡事均須從兩方面去權衡、均須將其置之於兩個極端反覆考慮。決策可能會有多種，重要的是要冷靜，既要想到結果更要想到可能。

既不說謊又不盡吐真情”

披露真情好比是從心裡放血，應當慎之又慎。必須知道什麼當說、什麼不當說。

一句謊言足以葬送全部的誠實名聲：誆騙會被認作不恭，誆騙者會被當成偽君子。

並非所有的真情都可以外洩：有的對自己至關重要，有的對別人更有意義。

勇於直面世人是大智”

切勿把別人視之過高，以至於使自己對之暗生畏懼：任何時候都不能用想像取代理智。在與之交往之前，很多人都會貌似非凡，可是，經過接觸，卻只會令人失望而不是更加敬重。

沒有誰能夠超越做人的局限。

人人皆有所短，有的表現於才思，有的見之於性情。權勢只能賦予表面的威儀，很少有人能夠兼具人格的魅力，所以，命運之神常常會讓位顯者少德以為懲戒。

想像總是先行，並有誇大之癖，不僅著意實況，還會輔以該當。請用經過歷練的清醒理智糾正想像的虛妄吧。

不過，應該不因愚鈍而魯莽、不因審慎而怯懦。自信既然可助憨厚，那麼，又當對智勇發揮什麼作用呢？

不可太過執著”

蠢人必固執，固執必致蠢，越是錯誤就越是執迷。即便是在確實有利的情況下，退讓也是有益無害：不僅在握之理不會被人漠視，還能贏得豪爽大度的名聲。

執迷釀成的損失遠遠大於致勝可能帶來的收益。固執所維護的不是真理而是愚昧。有人腦袋如同榆木疙瘩，絕對沒有辦法使之開竅。固執一旦再加上任性，勢必會變得愚蠢無比。

毅力應該表現於意志而不是一時之見。在決策和執行兩個方面，都能沒有失誤又不受挫折確屬特例。

切勿講究排場”

即便是君王，過分講究排場也會被看成反常。只顧顏面的人令人討厭，而且也確實存在有此癖好的國度。其愚蠢的表象就是，非常看重名聲又顯得其名聲缺少根基、擔心其時時都有可能受損。

注重禮儀是好的，但是，切勿被人看成只是虛有其表。不講排場確實需要非凡的素養。對於禮儀，既不能忽視也不能過分講究。注重面子的人成就不了大事。

切不可拿信譽孤注一擲”

切不可拿信譽孤注一擲，因為，一旦失算，貽害無窮。

出錯一次（尤其是初次）完全可能。一個人不可能總是吉星高照，所以才會有「每個人都有出人頭地的一天」的說法。頭一次如果失誤了，就要確保第二次；頭一次如果成功了，第二次也就有了鋪墊。

永遠都要為補益與進取留有餘地。世事的成敗取決於各種偶然因素，而這因素又有多重，所以，成功之喜實屬難得。

善辨瑕疵 ”

善辨瑕疵，不管那瑕疵多麼被認可。

瑕疵即便是花團錦簇，也應洞悉其醜惡本質。瑕疵也許會裹金鑲玉，然而，不會因此就能盡掩其陋。瑕疵絕對不會因其寄主高貴而就脫卸掉卑劣屬性。惡癖可以美化，不過，終究不會變成美德。

有人會說某某英雄有過某某過失，但是，他們沒有看到那人不是因為那過失而成為英雄的。位顯則威重，以致可以釋醜；阿諛甚至能夠無視貌獰，卻未曾注意：顯赫時的避諱，失勢後必定遭到詬病。

討巧事，親為；討嫌事，由人"

討巧之事，自當親為；討嫌之事，由人去做。前者可以積望，後者則能避怨。

對於偉人而言，行善之樂是對慷慨的回報，故而勝於受惠之喜。使人不快很難不招致自己的不快，或因憫人或因悔己。

身居高位者的所為不是得到回報就是施加壓力。應該悉心為善、避不做惡。要為別人留出發洩怨懟和非議等不滿情緒的空間。

俗眾之怒常常就像瘋狗，找不到病根，於是就對羈索發狠。羈索儘管並非禍端，卻要直接受過。

言必稱善”

言必稱善是心性的體現，表明一個人品味高雅、尊重現實。誰能識美在先，必定會愛美在後。預報佳音可供議論、可資效法。這是禮遇現實之美的絕好方式。

然而，有些人卻反其道而行之。總是開口必出惡言，藉貶低不在眼前的事情頌揚眼前的事情。這種行為只能在淺薄之輩面前討巧，因為他們無法識破此類對一些人搬弄另一些人的是非的把戲。

有些人慣施以菲薄昨天之輝煌來阿諛今日之平庸的手段。精明之士當能看穿這類討巧伎倆，即不受此人的虛言迷惑也不為彼人的諂媚自喜，必須清楚：這種人不論到了哪兒都會重演故技，只是見風使舵、隨機應變而已。

善用他人的需求”

善用他人的需求，因為，那需求如果到達了切望的地步，定可成為有效的箝制利器。

哲人認為需求不值一顧，政客卻說需求意味著一切。政客瞭解得更為透徹。有些人為了達到自己的目的，而將別人的切望當成階梯。他們抓住機會，利用其所願難遂的困境使其望之更切。他們屬意的是人家求取之情急而非其達成的滿足，而人家隨著求而不得的急切情緒之增長，其欲望就會變得愈加熾烈。

為了實現自己的意圖，訣竅就在於保持別人對自己的依賴。

善於自找安慰”

即便是廢物，也可以從得以長存中得到慰籍。

本來就沒有不能撫慰的痛楚：傻人的慰藉在於總是與運氣相伴，所以俗話中才有「醜女之福」的說辭。

要想長壽，身價要低是關鍵。摔碎了的瓦罐無以再破，其恆定令人由嫉妒而生恨。

命運之神似乎也在妒賢嫉能，刻意讓庸人長生、英才薄命。多少棟梁之才早逝，而或真或假的廢物卻得以長存。時運和死神彷彿已有默契：不去理睬命蹇之人。

莫為過分殷勤所迷惑”

過分殷勤是一種欺騙。

有些人無需迷藥而只要摘下帽子點個頭，就可以讓傻瓜——即歆羨虛榮之徒——受寵若驚。這種人為名位標出了價碼，用以報答的卻只不過是些許蜜語甘言。

應諾是對付傻瓜的手段，無不應諾等於無所應諾。

真正的殷勤是舉債，假意的殷勤是欺騙，反常的殷勤是更大的欺騙：此非常人之舉，而是有所需求的表現。過於殷勤之人所禮拜的不是對象本身，而是其尊榮和受其寵幸；不是認可其確有的品格，而是其可望從他那裡得到的好處。

平和長壽”

自己要活，就得讓人也能活。平和的人不僅能長壽，還能服人。應該多聽、多看，但要慎言。日無爭訟，夜能安眠。長壽又愜意，一生如兩世：唯平和之所能致。

無不實之欲者至為富有。貪得無厭是最大的不智。為與己無關的事情傷神和對與己有關之事粗心同樣愚蠢。

謹防被人利用”

警醒是提防欺詐的最好辦法。對付奸狡，唯有精明。

有些人慣於將為己裝扮成為人，所以，稍不留神就有可能甘冒燒灼之痛替人火中取栗。

慎於審視自己和自己的事情”

慎於審視自己和自己的事情，尤其是在初入世途的時候更當如此。人皆自視過高，品級愈下者愈甚。每個人都會夢想騰達並自以為是奇才。起初望之切切，到頭來卻是一事無成。現實的失意鑄就對空想的懲罰。要用理智去糾正這類失誤。儘管可以懷有美好的企望，卻應該時時做好最壞的準備，以期能夠平靜地面對最終結局。目標高遠固然是求中之策，然而，萬萬不可至於荒謬的地步。初涉職場之時，必須進行這樣的心態調整，初生之犢的意氣常會失於不智。除了理性，沒有別的萬應靈藥能夠治愚。每個人都必須清楚自己的能力與處境，從而使對自己的認知符合實際。

善識人長”

世上本無不可以在某一方面成為人師的人，世上也無不能超越別人的人。善取人之所長是為真智：智者敬人，因為承認人之所長並知其來之不易。愚者傲世，因為不識芝蘭而偏嗜膻腥。

把握自己的命運”

再不濟的人也會有交運的時候，而如果落難，只是因為自己沒有把握住而已。

有些人得到了王公權貴的眷顧卻不明就裡與原因，其實不過是其自身的命運給了他們以契機，而他們要做的只不過是用心順應罷了。

還有些人深受智者的青睞：有的在這個國家比在另一個國家更被認可，有的在這一地域比在另一地域更負盛名，也有的在這一職位比在另一職位更為順利，而所有這一切，竟是在其功績實際上相近乃至相同的情況下發生的。

命運自有其運行的方式與時機，每個人都必須善於把握自己的命運，以及決定成敗的天賦才智。對命運，應該學會順應和因勢利導，切勿妄圖改變，否則就可能誤入歧途。

永遠不要與蠢人糾纏”

不能辨識蠢人者是為蠢，能夠辨識蠢人卻不能堅拒者更蠢。蠢人之於泛泛之交已屬危險，如若引為知己必當貽害無窮。

自身的謹慎與別人的提防，也許可能會讓蠢人一時收斂，但是，蠢人最終還是要做蠢事、講蠢話，如果尚未顯形，則是在蓄勢以待噴薄之機。聲名狼藉者只會為別人抹黑招損。蠢人因為是蠢行的寄主而至為不祥並極具傳染性。

蠢人只有一點差強人意之處，那就是：他們自己儘管不能從智者那兒獲益，卻能以其舉止或教訓令智者大長見識。

學會易地更生”

有些國家，其人民必須在棄之而後方能顯出自己的價值，功績顯赫者尤其如此。對於才俊而言，自己的祖國反倒成了繼母：那裡的人，妒忌之情根深柢固，只記得一個人初始時的卑微，而看不到其嗣後所創造的輝煌。普通別針漂洋過海之後就能夠被當成珍寶，玻璃珠子換了個地方竟然可以賽過鑽石。[1]

大凡異域之物都會被人另眼相看，或因其是遠道而來，或因其是在被人得到之時業已成型而且臻於完美。昔日在故土默默無聞而如今舉世仰望者大有人在，受到同胞和外人的尊崇：同胞因為是遠觀；外人因其來自異邦。園中枯木可以製成雕像置於祭壇之上，但是，知其原為枯木者永遠都不會將其奉為神明。

1 指西班牙人初到美洲時的情景。

善用理智”

遇事應善用理智，切莫強求。以德取勝是獲得敬重的正道。努力如果能夠持之以恆，才能顯出速效之功。

單純的剛正不足以有成，單純的勤勉無濟於事，世事之汙濁令人厭棄聲名。

只有善用理智，才是得其該得之法和善能進取之道。

常懷期待”

常懷期待才不會成為快樂的不幸之人。身體需要呼吸，心靈需要常懷期待。

如果應有盡有，其「有」也就平淡、無趣。即便是求知，也需要永遠保有能夠激起探索欲望的餘裕。希望可以使人振奮，福滿能夠置人於死地。獎掖的訣竅在於永遠勿令滿足。一旦無欲無求，也就到了堪慮的時候：那是無樂之樂。無欲則憂生。

似蠢者皆蠢，

似不蠢者其半為蠢”

愚蠢已經席捲世界，若言尚存些許智慧，亦屬天疏所致之蠢。不過，至蠢莫過於不知己蠢而謂人蠢。智者不能貌似，更不能自恃。自以為不知是真知，看不到人皆能見是有眼無珠。

世多蠢才，所以沒人自認為蠢，甚至沒人懷疑自己是否愚蠢。

言行造就完人”

言當求善，行當求端。言善顯示思明，行端表明心正，二者同是源於情操高潔。言為行影：言為雌，行為雄。

獲讚重於讚人。口說容易，力行乃難。

功績才是人生要義，豪言只是裝點而已：行之卓絕可以留芳，言再壯美，說過便罷。行是心智的結晶：有的聰敏，有的輝煌。

瞭解同代精英”

精英不是很多：舉世只有一隻鳳凰[1]，百年才出一位偉大統帥、一位完美的演說家[2]、一位智者，數百年才出一位賢主明君。庸碌之輩比比皆是，乏善可陳；精英實屬鳳毛麟角，必得至善至美，品級愈高，愈難企及。

很多人盜用過凱撒和亞歷山大的「偉大」榮號，卻徒勞無功，沒有功績，稱謂不過是掠耳清風：可比塞內加者寥若晨星，永保盛名者唯有阿佩萊斯[3]一人。

1 鳳凰，在西班牙語中用以指稱「最為優秀的人」，此處具體指何人，不詳。

2 「演說家」以及隨後的「智者」、「賢主明君」，具體所指均不詳。

3 阿佩萊斯（活動時期為西元前四世紀），希臘化時代早期畫家，其作品真跡已經無存，但是，其本人卻一直被奉為繪畫大師。

舉易若難，舉難若易”

舉易若難，可以不因過分自信而誤事；舉難若易，可以不因缺乏自信而卻步。

以為輕而易舉常常會導致可為而無為，相反，孜孜以求卻能夷平不可逾越的障礙。

面對艱險，甚至不必多所思慮，只需挺身奮進，因為已知之難不足畏懼。

善用藐視”

藐視是求取之術。苦尋不得而後，卻於不經意間手到擒來之事屢見不鮮。塵世之事是天國之事的影子，因而具備影隨其形的特性：追之則逸，避之卻追。

藐視也是至為巧妙的報復手段。智者唯一的箴言就是不用筆墨與人論戰：筆墨留痕，不僅無損於對手的囂張，反而會使之浪得虛榮。

卑鄙小人慣用使偉人間接述及而對之攻訐的伎倆，以換得無法被其直接提起的榮幸：很多人，其名人對手倘若當初對其不予理睬，我們如今根本就不可能得聞其名。

默然處之是最好的報復，這樣也就可以使之湮滅於其猥瑣的塵埃之中。許多大膽狂徒都以為毀滅了世界的和歷史的珍寶就能換得千古留名。

平息流言的良策就是置之不理：辯駁遭害，縱容毀名。應該笑對對手：汙穢的霧霾終會散去，因其畢竟不能遮沒至善的光輝。

鄙俗之人無處不在”

必須清楚：鄙俗之人無處不在，就連科林斯最為高貴的家族[1]也不例外。每個人都會在自家門內有過切身感受。

不過，鄙俗之人也有一般與特別之分，後者尤為可惡。特別鄙俗之人總是具有一般鄙俗之人的特性，一如鏡碴相對於鏡子，而且其害更甚。特別鄙俗的人講話愚蠢至極、責人窮於挑剔，堪稱愚昧之高徒、蠢行之宗師、流言之盟友。

不必理會其所言，更不必顧忌其所感。重要的是認清其本來面目，以使自己免於與其合流或者成其目標，因為，任何愚蠢言行均為鄙俗的表現，而鄙俗之眾則是由蠢人聚集而成。

1　科林斯是位於希臘中南部伯羅奔尼薩半島的古代和現代城市，西元前八世紀該地就已發展成為商業中心。此處具體所指不詳，當為泛指。

善於自制”

遇到意外的時候，必須處之泰然。

衝動是理智的缺口，世人常會因之而落難。一時的激憤或興致，可以使人做出冷靜的時候幾個鐘頭都做不出的事情。片刻之為也許就會釀成終身之恨。

工於心計的人常會針對別人的沉穩設下圈套，以期找到可資利用的時機或情勢。他們將此視為揭祕的利器，因其能夠破除最為嚴密的防護。

應當將自制當作反制的謀略，尤其是在情急的時候。三思而後行是避免衝動的必備條件。遇事明白才是真明白。預計到危險的人，行事會小心謹慎。言者無心，聽者、受者卻會有意。

勿因犯蠢而自尋死路”

智者常會因為失去理性而喪命。相反，蠢人卻是由於忠告太多而窒息。因為犯蠢而死是死於過慮。有人因為善感而早亡，也有人由於麻木而長生。所以，有人因為沒有死於善感而成了蠢人，也有人卻又因為善感而亡，終成蠢人。

死於過分精明者是蠢人。有人因為精明而隕滅，也有人因為冥頑而得生，不過，既然很多人死於犯蠢，真正的蠢人也就很少會死。

擺脫常人之蠢”

擺脫常人之蠢需要超凡的智慧。常人之蠢因為常見而被普遍認可，所以，有些人雖然不甘心於自身的愚昧，卻又未能擺脫常人之蠢。

沒人自認福滿（哪怕是已經洪福齊天）、也沒人自認才疏（哪怕是已經平庸至極）已成通病。人人都因不滿自身之所有而豔羨他人的幸福。

同樣，人人歎惋今不如昔，人人嚮往異邦物事。一切過去了的事物似乎都更加美好，一切遙不可及的事物都更受推崇。盡非與死守同樣愚蠢。

實話亦須得體”

說實話很危險，可是，君子又不能不講實話。這就需要技巧。善知人心的先師早已找出了甜化實話之法，因為切中要害的實話必定奇苦無比。方式的好壞取決於是否得體。同樣一句話，有人能說得悅耳動聽，可是，到了另一個人嘴裡卻會使人勃然變色。

應該以昔喻今。明理之人，一點就透；如仍執迷，則當緘口。對王公貴冑，忌用猛藥：言甘實苦之術就是專門為此而發明。

天堂與地獄”

天堂其樂融融，地獄其苦無盡。塵世居中，有樂也有苦。我們身居兩極之間，得兼樂之幸與苦之痛。

時運常變：不會福無盡期，也不可能永遠不順。塵緣是空，本無所值；心繫天堂，方才無價。漠對世事變遷是為明慎，慕異求新實非智舉。

人生如戲，總有散場的時候，應該求得一個善終。

永遠都要把絕技留到最後”

永遠都要把絕技留到最後，是大師的謀略，其精到之處表現在授業的方式上面。

必須永遠技高一籌、永遠能為人師。傳藝應該有術，切勿盡其所知、罄其所有。只有這樣才能保持名望、維繫尊崇。在悅人與授業的時候，必須謹記緩施漸進的至理。

在任何情況下，備而不用都是維生和制勝的法寶，身居顯位者尤當如此。

要學會辯駁”

辯駁是試探的良策，其意不在自逞，而是據以制人。辯駁是對人施壓，使之激動的唯一利器；存疑好似開啟幽閉心扉的鑰匙，能夠誘人吐露隱衷。

要想同時窺知一個人的意願與心思，必得施以縝密的巧計。對一個人的玄虛言辭故作不屑，可以引其洩露深藏的祕密，令之將那祕密漸聚舌端、並最終落入精心編織起來的陷阱之中。聽者的漠然能令言者疏於防範，從而探明其原本諱莫如深的心機。佯裝不解是知所欲知，以償好奇之心的至靈法寶。

即便是就教，亦應以詰師為策、窮追不捨，以求識理知據，所以，有道是：辯而有節，方能成就完教。

犯蠢不可一而再”

世人常會為了彌補一件蠢事而再做四件蠢事：以大不智掩飾小不智屬於謊騙，而這謊騙應當視為愚蠢，因為需要更多的謊騙予以支撐。護短總是要比那短本身更糟，不能補過總是要比那過本身更壞。再犯新錯就是姑息已犯之錯。

大智者也可能不慎失誤，但不會一而再，而且，事出偶然，絕非沉痾。

謹防別有居心之人”

麻痹人心以乘其不備戰而勝之，是勢利小人慣用的伎倆。這種人掩飾意圖是為了實現意圖，甘居人後是為了搶占先機：假出其不意來確保中的。所以，面對如此明目張膽的覬覦，萬萬不可放鬆警覺：其心越是退而求隱，警覺就越要敏銳明察。要用審慎洞徹來者的奸計，循著蛛絲馬跡預阻其圖謀得逞。

有種人總是心口不一、處心積慮地圖謀達到目的。因此，必須明瞭其退讓背後的用心，最好能夠使之領悟其用意已經昭然。

學會表述

學會表述，不只是流暢，尤其是要脈絡清晰。

有些人長於孕育，卻不善分娩，而心靈的產兒——思想與決斷——一旦失去了條理，就必定難見天日。有人好似肚大口小的罈子，與之相反，也有人卻是嘴巧而心拙。

思之所成，當能言之鑿鑿。思成與言鑿是兩大不同的本領。

明晰的思辨殊堪嘉許，含混的表述只能得到不求其解者的稱道。艱深晦澀也許可以顯得不俗，然而，言之者本身都是昏昏然不知所云，又怎麼能令聞之者昭昭然盡解其意？

愛、恨不會無盡期”

今日之友可能會成為明日之敵，而且還是最壞之敵，此種情況確實存在，故而應當早有防備。切勿授柄於為友不忠之輩，這種人會轉身置你於死地。

相反，對對手，應該永遠敞開和解之門，亦即待之以大度：有益無害。昔日的報復之舉日後可能會變成為夢魘，於是，害人之時的快慰就將成為心頭塊壘。

行事須用心，切勿恣意”

任何恣意妄為都是隨興之舉而非嚴肅認真，不會有好的結果。

有些人爭訟成性，蠻不講理，凡事都想壓人一頭，不知仁厚為何物。這種人如果掌權理政，勢必禍害一方，變府衙為團夥，化子民為怨敵，密謀操縱一切，冀望狡計得逞，然而，別人一旦瞭解了他們的乖戾脾性，就必然會對之群起而攻，阻其夢想成真，令其一事無成。這種人最後只能落得閒氣不斷、舉目無親的結局。這種人思維失常，也許心靈有病。

對付此等怪物的辦法就是，寧可與野人相處也不跟他們為伍，因為野人的愚蠻也要強似他們的獸性。

切勿讓人以為工於心計”

切勿讓人以為自己是工於心計的人，儘管現今沒有心計簡直就已經無法存活。應當謹慎而不是狡詐。

在人際交往中，質樸深得人心，卻不可對任何人都親密無間。坦誠不能走向極端變成憨傻，精明也不該成為奸滑。

應該以睿智贏得敬重，切勿因為過敏而令人生懼。懇摯之士能得人緣，卻常會受騙。率真盛行於黃金世紀，如今這鑄鐵時代風靡的是疑忌。

說某人知其當為是讚譽，指其可信；說某人工於心計是貶斥，謂其當防。

獅皮不可得，狐皮也湊合”

在沒有獅子皮可披的情況下，能披狐狸皮也很好。順應時勢是一種超越。成功絕對不會汙損名望。

力不足，以智補：方式可以各不相同，或選勇氣的陽關道，或選智巧的捷徑。

世事多成於謀略而非蠻力之功。智者多勝於莽漢而不是適得其反。謀事不成，鄙夷頓生。

切勿無端生事”

無論是對自己還是對別人，都千萬不要無端生事。不順心的事情常有，自己的也好，別人的也罷，都屬自找。

無端生事者隨處可見，又全都生活在煩惱之中。這種人一天到晚都有生不完的閒氣，總是憋著心火，對什麼人、什麼事全都看不順眼。他們思路反常，無不挑剔。

不過，最為有悖常理的還得算那些自己什麼事情也做不了卻對什麼事情又都不說好的人，因為討嫌之事多種多樣，古怪之人無奇不有。

認真是審慎的表現”

舌頭如猛獸，一旦脫縛，難再拘禁。舌頭是心靈的脈息，聰明人可以從中窺知人的意向，有心人可以從中得識人的心路。

壞至極端而又不顯山露水才是真壞。

智者常忌激憤與執迷，最能自制。雅努斯[1]慎於兼顧，阿爾戈斯慎於明察，莫摩斯[2]本該關注手掌上的眼睛而不是胸膛上的窗口。

1 雅努斯，古希臘的雙面門神。

2 莫摩斯，希臘神話裡的夜神之子。

切勿過於特立獨行”

有些人，或是刻意做作或是並未覺察，總是明顯的與眾不同，某些乖僻恰是缺點而非特長。正像某些人因為臉上的特殊缺陷而廣為人知一樣，這種人則會由於某種過分的舉止而遐邇聞名。

特立獨行只能引人矚目，其不合時宜的特異之處不是惹人訕笑就是招人嫌棄。

學會把握事態”

必須善於把握事態。儘管事態逆勢發展，也絕對不可以逆勢應對。任何事情都會有正反兩個方面。再好、再有利的事情，如果誤觸鋒刃，也會傷人；再壞、再不利的事情，如果處理得當，也不會有害。很多壞事，如果能從有利的方面去權衡，說不定會變成好事。

凡事都有利弊，關鍵在於恰當處理。同一個事物，如果從不同的角度去觀察，常常會顯示出不同的層面，那就請從好的方面去解讀吧。

萬萬不可將好當壞和認壞為好，恰恰是由於這個原因，才會有人事事順遂、有人處處不暢。小心提防命運的捉弄，這是時時處處都必須謹記的至理。

清楚自己的最大弱點”

無人沒有與其突出長處制衡的弱點，如果自己護短，那弱點必將氾濫肆虐。立即就從刻意防範的角度出發向其宣戰吧，而首先應該做的就是弄清其真正面目：先識之，方能戰而勝之；而己識如人，其效更佳。要想自制，必須先要自知。此弊既除，餘瑕盡消。

注意造勢”

我們講話、行事大多不能全憑本意，而是依據情勢。讓人信以為壞是隨便什麼人都能做得到的，因為，壞事即使令人難以置信也會非常容易取信。

我們的長處與優點有賴於別人的認同。有人滿足於自己占理，然而，這是不夠的，還必須巧妙地張揚自己所占之理。造勢有時無須大力，功效卻是極為顯著。言辭可以換得功績。

在世界這個大家庭裡，不會有任何一件器物，因為不起眼就一年到頭連一次也不被動用，哪怕是再不值錢，也會有不可或缺的時候。

人之褒貶皆由好惡。

莫為初次印象所惑”

某些人慣於將第一印象視為正室，而把後來的印象全都當作偏房。由於錯覺總是占據了先機，嗣後就不會再有容納真相的餘地。

心不可為初識的對象所動，志不可被初建的言路所奪，否則就是缺乏城府。

有人就像初次啟用的酒罈，先盛什麼酒——不論是好是壞——就會留下什麼味道。這種淺薄一旦被人發現就會成為禍端，因為能給惡意設計提供可乘之機，心懷叵測之徒定會刻意使其心中留下自己的印記。

切記要為複核留出餘隙。要像亞歷山大那樣兩隻耳朵各聽一方。要給第二、第三印象以機會。輕信印象是低能的表現，與意氣用事相差無幾。

切忌毀謗”

切忌毀謗，尤其不能背負毀謗之名，因為這是極不光彩的名聲。萬萬不可工於損人，損人者不僅舉步維艱還會招人討厭。損人者必遭報復，被人群起而攻，寡眾有別，等不到惡言流布，自己就先已現形。

壞事絕不值得慶幸，最好還是別去議論。撥弄是非者永遠都將為人不齒，正人君子雖然有時也會同其相與，但是，主要還是樂其無稽而非賞其才智，毀人者必定會加倍被毀。

學會理智地安排生活”

要學會理智地安排生活，不能放任自流，而應有所規畫與取捨。沒有休息的生活過於辛苦，就好像是沒有歇腳的長途跋涉。豐富多彩才會幸福。

美好人生的初始階段應該用於與先人對談：我們生為認知世界和瞭解自己，蘊涵真知的典籍能夠教會我們做人。

第二階段理當用於與今人往還：見識與汲取一切人世精粹。世間萬物並非齊聚於一地，寰宇之父早已將妝奩分配好了，而且有時還會特別偏向最醜的那個女兒。

第三階段要完全留給自己：享受高談闊論的最後樂趣。

該睜眼時當睜眼”

並非所有有眼睛的人都睜著眼睛，也不是所有睜著眼睛的人都能看得見事物。

事後明白，於事無補，反生懊惱。有些人總是在沒得可看的時候才睜眼去看，這種人早在建成家園、置齊產業之前就已經將其毀之殆盡。

想讓沒有心志的人明白事理很難，想讓不諳事理的人心明志堅更難，旁觀者會將這種人當成瞎子一樣戲弄、耍笑，因為他們耳不能聞、眼不能看。

然而，世上確實不乏此類處於麻木狀態之人，他們的存在就是讓人不覺其存在。主人沒長眼睛，坐騎肯定要受苦：難得會有草料可吃。

勿將未竟之事示人”

勿將未竟之事示人，應該讓人享受得見其成的喜悅。凡事初始之時均不具形，其殘缺狀態會給人留下持久的印象，待到完成之後，印在腦海中的破敗境況也會讓人難以認可其完美。直接欣賞一件精美之作的本身就足以賞心悅目，儘管無以評價其組成部位。成形之前，一切都是空話，即便是在始成之初，其實也更近於無。目睹佳餚的烹製只能令人作嘔而不會使人開胃，所以，切記：真正的大師都會拒絕讓人看到自己尚未完成的作品。要以造化為師：物未成形，切勿示人。

要有點務實精神”

世事並非成於思，還需見諸行。

大智之人常易受騙，因為，他們雖有絕學，卻缺乏更為具體的一般生活常識。對繁難問題的專注使他們無暇顧及日常瑣事。在淺薄大眾的眼裡，這種人，由於對本該深悉和人盡皆知的事情一無所知，不是高不可攀就是傻瓜白癡。

所以，真正的聰明人應該盡量有點務實精神，以確保不會被騙乃至遭到戲弄，要做務實之人，雖然算不得高尚，卻是生活之所必需。

不能付諸實踐的知識又有何用？現如今，知道應該怎麼生活才是真知。

切勿誤判別人的好惡”

誤判好惡定會弄巧成拙。有些人本想做個人情，但由於沒有摸準脾氣，反倒討個沒趣。

同樣的事情，有人以為是討好，有人認為是侮辱。原本是想逢迎，結果反倒成了冒犯。得罪一個人的代價，有時候會遠遠超過取悅一個人的付出。

誤投所好不可能被人領情也不會得到回報。不瞭解一個人的脾性，肯定不能使之歡喜，所以，說者意在奉承、聽者以為受辱的事情實乃咎由自取。還有人自恃巧舌可以邀寵，殊不知他的聒噪惹人心煩。

切勿獨擔失譽之險”

寧可緘口取益而不輕諾招損。

在攸關榮辱的事情上，永遠都要與人協同共進，務使人家在考慮自身榮辱的時候能夠顧及別人的得失。

任何時候都不要輕信，倘若是非得相信不可，一定要盡力做到確保無虞。只有休戚與共、同命相連，才能避免同道搖身一變而成指控。

學會求告”

求告之事，有人最難啟齒，有人樂此不疲。有人逢求必應，對這種人無需設計尋機；有人習慣於開口就是拒絕，對此類人則需用些智巧。

不管是對什麼人，最重要的是選對時機：乘其或因肉體或因精神得到了滿足的高興時候。喜慶的日子人心趨善，而且是由裡及外，被求者不會深究求告者的潛意。

切勿在見到有人遭拒的時候開口，因為當事者已經不會顧忌將那個「不」字再說一遍。在人心情不好的時候，很難會有可乘之機。

先前做下的人情是一種鋪墊，但是猥瑣之徒未必知恩圖報。

將人情做在日後有需之前”

將人情做在日後有需之前，是真正有心之人的精明。恩惠施之於成功之前，是知情重義的表現。

預施之恩有兩大突顯之處：施之者的爽快使受之者更覺欠情。同是一惠，先為質，後成債。人情自有其轉化的方式：在居高者是為賞，在受之者則當償。

這只是就注重情義之人而言。對勢利小人，則是宜拒不宜激，辦法就是先收利市。

切勿分享要人的隱祕”

分享要人的隱祕，原以為能得到甜梨，結果得到的卻是石子。許多人就是死於知人根底。這種人好比是麵包做成的湯匙，下場只能是將與麵包無異。跟要人交往不是受惠而是凶險。

很多人摔碎鏡子，就是因為鏡子照出了自己的缺欠：沒人願意與知其底細者相謀，知人所短者不會受到歡迎。切勿使人受制於己，特別是權貴。應該多施恩少受惠。

推心置腹的告白尤其危險。對人披露隱祕就是讓自己成其奴隸，對權貴而言，這是不堪忍受的拘束。他們渴望恢復失去了的自由，從而不顧一切，包括理智。

所以，對別人的隱祕，最好還是勿聽也勿洩。

瞭解自己的所缺”

如果不是小有欠缺的話，很多人真的就可以稱之為非常了不起的人了，然而，正是那個小小的不足使之永遠成為不了完人。

有些人，如能稍加注意，完全可能變得更好。他們缺少了點嚴肅認真，故而不能盡顯其德；還有些人（尤其是位高權重者）稍欠溫柔，而這又正是其親切感之最切的不足；有的應該多些果決，有的理當更為沉穩。

所有這些缺欠，如果是認識到了，很容易就能彌補，因為，只要用心就可以將積習轉化為新的品性。

切勿過分”

切勿過分，沉穩更為重要。知之過多是冒尖，而一般尖細的部分總是容易折損。扎實的真知更為牢靠。

聰敏是好事，但是不能賣弄。過多糾纏枝節有害無益。最好還是抓住實質、切中要害。

善用裝傻”

也許只有大智大慧者才會以故意裝傻為進退之計，事實上也的確有許多時候，真知恰恰要顯得很無知。不能真的無知，但是可以裝作無知。

沒有必要對傻瓜賣弄學問、對瘋子表明清醒。

應該是對什麼人就講什麼話：裝傻不是真傻；犯傻才是真傻。一般的傻是傻，過分的傻不是傻，心機甚至都得用到這個地步。想要得人緣，唯一的辦法就是要裝出傻得不能再傻的樣子。

對玩笑，要承受得起但不亂開”

承受得起玩笑是大度，亂開玩笑可能惹事。在大家高興的場合翻臉，說明一個人骨子裡沒有教養，其表現則更差。重口味的玩笑容易討巧，能夠承受是有肚量的表現。越是承受不起玩笑的人，越會被人取笑。

聽之任之也許更好，最保險的辦法是不去挑事。許多大禍都是源自於玩笑。開玩笑需要小心與智巧。開口之前必須清楚當事者所能承受的限度。

乘勝進擊”

有些人凡事都是有始無終，有意嘗試，卻無力堅持：天生沒有恆心。這種人永遠都不會贏得讚譽，因為有頭無尾，功敗不繼。

正如耐心是比利時人的長處一樣，缺乏耐性恰恰是許多西班牙人生而有之的弱點。前者畢功，後者敗事：可能會一直奮鬥到度過了難關，卻就此滿足，不知道應該奪取最後的勝利。這種人表明了自己有能力，只是缺乏鬥志。但是，這終究還是無能和輕率的表現。

如果當為，為什麼不能善始善終？如果不當為，為什麼又要輕舉妄動？所以，精明的獵手應該是殺死獵物，而不能只是將之轟出就算完事。

不能一味純真”

做人應兼具蛇蠍的警醒與鴿子的純真。

沒有比欺騙老實人更容易的事情。從不說謊的人會輕信人言，從不騙人的人會輕信人品。上當受騙並不一定就是因為人傻，更可能是由於心善。

有兩種人常常可以免於受害：有過教訓者，自己吃過苦頭；生性奸狡者，慣於算計別人。

做人應該精於設防、巧於識詐，切勿憨厚到為人提供使奸弄詐機會的地步。應該既是鴿子又是蛇蠍：不是想當妖魔，而是要做人傑。

善做人情”

有些人善於將自己受益變成替人出力：明明是自己受惠，倒彷彿——或者讓人覺得——是在施恩。

確有那種絕頂聰明之人，原本有求於人卻像是對被求之人的抬舉，能讓自己所得到的好處化作別人的榮幸，以至於把事情鋪排得使人在施恩的時候反而以為是在受惠，從而極其巧妙地調換了人情的施受關係，至少也是令人弄不清到底誰是施者、誰是受者：他們用巧言換實惠，假借討其一歡的手法曲意逢迎與諂媚；他們用虛言作砝碼，把自己原本所欠的人情轉化成人家對自己的感戴。

這種人能夠反客為主，與其說是能言善辯，倒不如說是精於權謀。這的確可以稱得上絕頂聰明，然而，真正的精明應該是能夠看穿他們的伎倆，以其人之道還治其人之身，退還其逢迎、討回自己應受之惠。

以也許獨特而反常的方式思維”

以也許獨特而反常的方式思維，表明才智超群。

切勿器重對你從無異議的人，因為，這表明他們愛的不是你而是他們自己；切勿被甜言蜜語所迷惑並進而予以回報，而是應當對之痛加斥責。同樣，還應該以自己被某些人非議為榮，特別是當非議你的恰是那些慣於對好人百般挑剔之人的時候。

如果你的所做所為人人稱好，倒是應該反躬自省，因為，那表明你的作為不很得當：盡善盡美，絕少有人能夠做到。

切勿主動致歉”

切勿向沒有要求你道歉的人致歉。即便是要你道歉，過分自責也屬不當。不合時宜地主動賠禮是自攬過錯，無疾開刀等於是自討苦吃和授人以柄。主動道歉能夠喚起本來沒有的懷疑。

聰明人萬萬不可對別人的懷疑介懷，否則就是自取其辱，在這種情況下，應以自己的坦蕩舉止使那懷疑不攻自破。

識宜廣而欲宜少”

知識應該廣博一些，欲求應該減少一點。有些人的想法偏偏與此相反。悠閒勝似操勞。我們唯一擁有的就是時間，這是沒有立身之地者的居所。將寶貴的生命耗費在庸碌俗務、或過量的高尚雅事上面同樣都是不幸，不應該讓職守和妒羨使自己不堪重負，否則就是殘害生命、扼殺心志。有人將這一道理推及求知，但是，人無知則無以為生。

切勿追趕時新”

有人專愛時新，易走極端。其所感、所愛如同滴蠟。最後的一滴總是要遮沒此前所有的痕跡。

這種人永遠都不可能成為知交，因為，得之容易，其去也速。任何人都會影響其行止。

這種人萬萬不可深信，就像是一輩子都長不大的孩子：變化莫測、喜怒無常，永遠都是搖擺不定、心志不堅、頭腦不清、忽東忽西。

莫待臨終始為生”

有些人開始的時候耽於偷閒，而把辛勞留到最後時刻。應該以本為先，如有餘裕，再求其次。

也有人未曾開戰就幻想已經得勝。還有人治學始於細枝末節，而將功利之學留到生命將盡之際。更有人尚未開始致富，就已經心衰力竭。

無論是求知還是謀生，關鍵在於路數要對。

何時該逆向思考”

何時該逆向思考？當別人居心不良的時候。對某些人，任何時候都要反其道而行：其「是」應為「否」，其「否」應為「是」，其所貶應理解為恰是其所欲，因為，只有自己想得到才會力促別人放棄。

並非說好就一定是稱讚，有人為了不稱讚好人，也會說壞人的好話，口說誰都不壞的人，其實是認為誰都不好。

人道與天道

當視天道不存而求人道，當視人道不存而求天道。這是大師[1]的信條，無須置評。

1 指聖伊納爵・德・羅耀拉（一四九一—一五五六），西班牙神學家，十六世紀天主教改革運動中具有影響力的人物，耶穌會的創始人。

既不能只顧自己，也不能全為別人”

只顧自己和全為別人，都是常見的偏頗。

只顧自己，進而就會將一切據為己有。這種人絲毫不知退讓、不肯犧牲自己的點滴利益。他們很少助人，自恃運氣好，常有虛假的通達感。做人也許應該想到別人，只有這樣，別人才會也想到你。擔任公職者就應當成為公僕，否則就該如那位老婦對哈德良[1]所說：「請你辭職以便卸去負擔。」

另有一種人則恰恰相反，他們全為別人。凡事過了頭就是愚蠢。這種人實屬不幸，他們沒有一日一時是為自己，有的甚至為別人操勞到了被稱為「眾人之人」的地步，即便是在料事上，也是對別人清楚、對自己糊塗。

聰明人應該明白：有人前來找你，是因為你對他有用、你能為他做事。

1　哈德良（七六—一三八），羅馬皇帝，一一七至一三八年在位。

說理不宜過透”

世人大多並不看重自己能理解的事情，而對不能領悟的事情卻會加倍推崇。一件東西要想被人珍惜，必得所值不菲；人也一樣，莫測高深才會讓人景慕。在與人論道的時候，務必要顯得比對手所預期的更為睿智而深沉，不過，要把握好分寸，不可過分。

如果說和聰明人打交道更需要運用頭腦的話，應對大多數人時則應該故弄玄虛，切勿露出破綻，令其傾力揣度。我們大多稱道不知其所以然的事物，奧祕因其玄妙使人肅然，之所以稱道是因為聽到別人稱道。

莫以禍小而輕覷”

禍，從不單行，和福一樣，總是結伴而至。

福與禍通常都會結夥集群，因為人人都會避禍趨福。就連生性淳樸的鴿子也知道朝著最白的地方飛去。

遭遇不幸的人一無所有，連自己都把握不了，思無頭緒、苦無慰藉。

切勿讓災殃從酣夢中驚醒。初始時的滑動尚不足慮，可是，繼之而來的卻將是那不知其所止的滾坡：正像福無至福一樣，禍也絕對沒有止境。

對天降之禍，只能默默受之；對地生之禍，卻要小心應對。

熟諳為善之道”

為善之道在於細水長流。切勿超出可能的限度：賜之過量不是賜，而是售。

不可促成情重難報之勢，一旦無以為報，就會不報。使人欠下不償之債足以失去其心：令之去而避償、化欠情為銜恨。

泥偶絕對不會樂見塑成其身的藝人，受惠者絕對不會願意與其恩主照面。施的訣竅在於價雖不高卻能恰如所願，非如此，則不能被人珍惜。

常備不懈”

做人應當常備不懈，以應對那些無禮、冥頑、狂傲之徒，以及其他種種傻瓜笨蛋。

這類人多得不可計數。明智的做法就是不要與之直面相對。每天都應刻意做好準備，只有這樣才能避免此類無謂的麻煩。提早預防可以確保聲名免遭受損之虞：心有防備，小人難得近身。

世事維艱，遍布毀名敗譽的險灘暗礁。當學尤利西斯[1]的機智，避而不就最為安全。在這裡，巧妙地躲閃是為良策。尤其應當厚以待人，這是成功的唯一捷徑。

1 尤利西斯，羅馬神話裡的英雄，即希臘神話裡的奧德修斯。奧德修斯是荷馬史詩《奧德賽》的主人公，以智慧、機敏、勇敢著稱。

切勿與人斷然決裂”

決裂總會導致聲名受損。

人人都有可能成為對手，但是，並非人人都能成為朋友。樂善好施者寡，為非作歹幾乎人人都能。在與甲蟲決裂的當天，雄鷹儘管躲進了朱庇特[1]懷中卻也未覺安穩。

伺機待動的虛偽小人，會為坦蕩之士的率直生氣上火。交惡的朋友會是最為凶險的敵人：揭人之短不遺餘力，護己之短唯恐不及。旁觀者總是言其所感、感其所願，或責其始之缺乏遠見，或責其終之不夠耐心，眾口一詞謂其失於理智。

如果必得分手，應以說得過去的方式：寧可疏遠，切勿斷然翻臉。在這種情況下，瀟灑退出最為合宜。

1 朱庇特是羅馬神話中的主神，即希臘神話中的宙斯。典故參見《伊索寓言》。

找人分憂”

切勿獨立孤行，尤其是身處危難中的時候，否則必將獨自承受全部惡果。有些人原本是想大權獨攬，結果卻不得不面對所有的非難。所以，需要有人為你開脫責任或者幫你分擔禍患。兩個人攜手更能對付厄運與眾怨。

正是由於這個原因，聰明的醫生，在下錯藥方之後，不會不假藉諮詢之名找人幫自己搬運屍體。

重負與痛楚應該找人分擔，獨自面對災殃會令人不堪其苦。

避害與變害為利”

避害要比報復更為聰明。化敵為友是非凡的智慧。這是變威脅為防護。善做人情非常重要。一心感恩就無暇為害。能夠化憂為喜才算會活。還是將仇怨轉化成為知心吧。

未可全拋一片心”

親情、友情、再大的人情，都遠不足以讓人推心置腹。最親密的關係也會有間隙，而這並不違背親好的原則。朋友之間總會有些深藏心底的隱祕，親生兒子也會對父親有所保留。

有些事情，對一些人守口如瓶，卻又對另一些人毫不避諱，反之亦然。坦誠與堅拒，恰恰是親疏遠近的標誌。

切勿執迷於蠢行”

有些人會堅持錯誤，因為，他們覺得，既然開始就錯了，堅持下去才是意志堅定的表現。

這種人心裡知道自己錯了，表面上卻要極力狡辯，殊不知，一開始出錯，會被認為是出於無意；如果堅持不改，則會被確認為是笨蛋。

不慎的承諾和錯誤的決斷不應成為約束。所以，堅持錯誤並一意孤行，無疑是想當不知悔改的討厭鬼。

學會忘記”

能夠忘記不僅是策略，更是幸福。

那些最應該忘掉的東西，往往是最經常被記起的。記憶這東西，不僅可惡（越是需要的時候越不管用）而且還很愚蠢（總是在不該攪和的時候瞎攪和）：對讓人傷心的事情精明有加，對令人高興的事情又漫不經心。

治病的藥方常常是應該忘掉疾病，然而事實上被忘掉的恰恰正是那藥方。所以，最好還是讓記憶習慣於令人如此愜意的遺忘吧，因為，使人樂過或苦過也就足夠了。

那些無欲無求者又另當別論，他們總是沒心沒肺地傻傻開心。

許多好東西

不一定非得擁有”

同樣的好東西，別人的要比自己的更能討人喜歡。

頭一天主人視之為珍，隨後外人就會當成是寶。別人的東西備具魅力，一是沒有壞損之虞，二是讓人覺得新奇。一切好東西都會喚起貪欲，甚至連別人家的清水也會讓人覺得像佳釀一般香醇。

擁有不僅會消滅魅力，還會平添出借與不借的煩惱。擁有無異於代人保管，結果卻是招致嫌怨而沒人領情。

不可有一日疏失”

時運善謔，而且千方百計地尋人不備之機。才思、理智、心境乃至容顏均須時時等待考驗，因為你自鳴得意的日子很可能就是你狼狽之期，最需要提防的時候總是疏於戒備，未曾想到就是致命的閃失。

世人的關注也時常會循此理：乘人漫不經心的當口，對其品行苛責挑剔。有備之日顯而易見，別人自會刻意不計，而是專找最最意想不到的時機，檢驗其真正的價值。

善令部屬承擔重任”

就像溺水有助於加強泳技一樣，適時的重任成就了許多人的功名。就這樣，很多人脫穎而出，因為，如果沒有這一機遇，他們的才幹乃至學識會在蟄伏中遭到埋沒。

危難能夠造就威名，英雄有了用武之地方能大顯身手。天主教女王伊莎貝拉[1]就深諳這種加負以及其他種種道理，偉大船長[2]的威望以及其他許多人的千古英名，全都得益於她的果決襄助：她以自己的英明決斷成就了一代偉人。

1 伊莎貝拉（一四五一—一五〇四），西班牙卡斯蒂利亞國王。一四七九年，她與丈夫阿拉貢國王斐迪南二世聯合統治之後，完成了永久統一西班牙的大業，繼而又支持和贊助了哥倫布發現新大陸的航行。教皇亞歷山大六世加封她及其丈夫為「天主教國王」。

2 指義大利航海家哥倫布（一四五一—一五〇六）。他於一四九二年八月三日率領船隊從西班牙的巴羅斯港出海西行，同年十月十二日抵達加勒比海的巴哈馬群島。此行被後世稱為發現美洲大陸之旅。

勿因做好好先生而成壞人”

好好先生是指任何時候都不動肝火的人。麻木不仁者缺少人性。這種人並非都是生而冷漠，而是因為低能。

適時的喜怒原本是人的本能反應，就連鳥雀都會對徒具人形的物件待之不恭。

酸甜間品是擁有上好口味的證明，孩子和白癡才會只嗜甜品。甘當麻木不仁的好好先生是大錯特錯。

言柔性謙”

利器傷身，惡言傷心。

佳飴可令呵氣若蘭。顯示風範乃是做人的一大訣竅。世事多成以言，言足以能夠排難。氣度總會得到相應的回報，王者儀態定然自是淩人。

理當口中常含蜜糖以餞所出之言，甜言甚至能夠化解仇敵的嫌怨。只有謙和才能廣結人緣。

聰明人先做蠢人最後才做的事情”

兩個人同做一樣的事情，差別只是在於對時機的把握：一者恰值其時，一者適得其反。

一開始理解顛倒了的人，隨後必然會一直顛倒下去：置先於後，將右當左，以至於直到最後全都彆彆扭扭。

只需盡快清醒。勉力去做本該樂而為之的事情，然而，聰明人很快就能理清孰先孰後，從而得心應手、功成名就。

善用履新之機”

新人受寵。新以變化普遍討巧。眾人的興趣時有變化，一個履新的庸才會比一個習以為常的巨擘更為被人器重。名望也會耗損並漸次衰頹。

切記：新之光焰燦無多時，過不了幾天就不再為眾目所矚。所以，要善加利用新寵的優勢，趕在招嫌之前，盡可能從中受益，因為，新勁一過，人心就會冷卻，新之可喜就會變成老之討嫌。

請相信：凡事都曾有過自己的契機，只是已經時過境遷。

切勿逆眾

凡事只要喜歡者眾，就必定有其可取之處；儘管說不出其中的奧妙，卻能給人以樂趣。

特立獨行總是讓人討厭，如果是錯在自己，更會成為笑柄。失譽的是自外者的孤陋而非事物本身，其人勢必會因其缺少品位而遭孤立。

如果難辨好壞，就當藏拙，且勿冒然置喙，不識多屬無知。

眾口一詞，不是果真名不虛傳，就是眾望所歸。

學識不豐，當選慎行”

學識不豐，當選慎行，儘管很難博得聰敏之名，卻會因為踏實而得到認可。見多識廣者可以放手而為和標新立異，才疏學淺又想頂風冒險無異於臨崖自盡。

任何時候都應該使用自己的右手，確有把握方才不會有失。知之不多，當選坦途。

總而言之，不論知多與知少，保險要比張狂更為明智。

以禮謙讓”

禮讓是做下更大的人情。

懷有欲望的求索，永遠及不上慷慨還情的賜予。禮讓不是施捨，而是讓人欠下情分。慷慨就是最大的人情。

對於君子而言，沒有什麼東西能比別人的賜予更為珍貴。賜予是重複銷售和兩次收費：物之本價和人情之所值。

當然，小人不知慷慨為何物、不懂禮尚往來。

知人脾性 ”

只有熟知與之交往者的脾性，才能明瞭其居心。凡事，知因才能知果，先知其因，再明其意。

悲觀者總是預言災殃，憤世者專事挑剔抱怨：他們看到的全是負面，因為感受不到確實存在的積極因素，而耽於宣示可能會有的最壞結局。偏激的人講話總是與事實不符：他們依憑的是衝動而不是理性。如果人人都只顧自己的好惡和情緒，結果一定會是大家全都謬之千里。

必須學會察言觀色並從神情變化中解析人的心靈。應該能夠分辨什麼人是因為弱智而笑口常開、什麼人又永遠都不會強陪笑臉。務必提防好事之徒或尋釁滋事之流的包打聽。

切勿指望面相獰惡的人能做好事，這種人常對造化懷有報復之心，既然蒼天對其不厚，他們自然也就不會善待蒼天。美豔則是常與愚昧共生並行。

擁有魅力

魅力是一種看似謙和的誘惑。

要用優雅風度去博取人心，而不是實際利益，或是二者兼而得之。只有人品不夠，還需討人喜歡。討人喜歡是悅眾要訣、是最為實際的服眾手段。

被人垂青是運氣，不過還得勤加修練：天生麗質，琢後更佳。只有這樣，才會得寵於人，乃至萬眾歸心。

隨眾而不失自尊”

不能總是一本正經和氣勢洶洶，這是風度問題。要想合群，就得放下架子。

有時候可以隨眾從俗，但是不能失去自尊，廣庭之下被看成傻瓜，背地裡也絕對不會被當作聰明人。一日的恣肆不僅足以葬送此前的一切經營，而且還會富富有餘。

不能總是落落寡合，與眾不同就是對他人的不屑；不過，更不可以扭捏作態，那是女人的事情。故作高雅也是可笑的。男人最好就要像個男人，女人完全可以效法男人的做派，但是，男人卻不能像女人。

依照自然規律
巧妙調整自己的狀態”

俗話說，人的狀態七年有一變：必須依此改善並提升自己的品格。第一個七年終了之時開始明白事理，此後每過七年都會有一個進步。

應該注意這一自然變化，以促其完成並寄望於隨後的每一個週期都能有所昇華，就這樣，隨著境遇或職事的變化，很多人的做派也就發生了改變，而這改變，常常是不到過分明顯的時候不會被人覺察。

按年齡作比喻，應該是：二十像孔雀，三十如獅子，四十似駱駝，五十若蟒蛇，六十同家狗，七十成猴子，八十變廢物。

展露才華”

展露才華是指表現自己的長處。凡事各有其機：必須善加把握。絕非天天都是良辰。確有能夠使微成著、令著成奇的高人。所示如果確實超凡，必將更加讓人刮目。有些民族善事彰顯，西班牙人即是其中翹楚。

陽光能使造物立即顯形。表現具有充實和補益之功，可以產生再造之效。如果物有其實，這功、這效則會尤為卓著。

蒼天造物卻力戒炫示，因為炫示無不失之故弄，所以表現亦須得法。即便是至善也有其局限，並非總能得到認可。示而失度，必得其反。任何長處都忌做作，而且也總是葬送於這一缺憾，因為，做作近乎虛榮，而虛榮則是令人不齒。表現應當適度，以免流於鄙俗。

明智之士無不對過甚持有異議。有時候更是無言勝有言、無意勝有意，巧妙的掩飾反而可以成為有效的炫示，因為，深藏不露更能激起別人的好奇。

不將己之所長一次露盡堪稱訣竅，應該一點一點地展示，漸次推進，以使一長成為另一更長的鋪墊，讓人對前長的喝彩變作對後續諸長的期待。

切忌強出頭”

在任何事情上都不要冒尖，一旦出了頭，長處也會成缺點。這種情況常常源於卓爾不群。卓爾不群向來招忌。卓爾不群者必成孤家寡人。即便是在姿容方面，過美亦非幸事：引人矚目必生嫌隙，未被認可的超凡尤甚。

不過，確實也有人願意以惡揚名，壞事做絕以求昭著。推而至於論學，太過則淪為賣弄。

默對異詞”

默對異詞，必須區分是別有用心還是屬於無稽。異詞並非都是抗辯，說不定會是圈套。所以，既要防止無謂爭論又要避免落入陷阱。

奸細是最善於設防的人，對付意圖窺探他人心思者，最好的反制辦法就是用警覺將心扉從裡面鎖起。

堂堂正正做人”

守德行義已經成為過去，人際交情不復存在了，感恩知報鮮有人為，以怨報德遂成世風。有的民族整個地陷入了爾虞我詐的境地之中：時刻擔心有人背叛、有人無恆、有人矇騙。

那麼，切勿將別人的劣跡奉為效法的楷模，就讓其成為自己的警鐘吧。惡行昭彰已令剛正難存。

然而，正人君子永遠都不會因為別人的所為，而喪失自我。

博取明白人的垂青”

方家的一句輕讚要比一群愚氓的喝彩更為珍貴，因為，凡夫的鼓譟算不上稱許。

智者用頭腦講話，所以，他們的誇獎會給人以永恆的滿足。清醒而有智慧的安提柯[1]將自己的全部功績歸功於芝諾[2]，柏拉圖則稱亞里斯多德為自己唯一的弟子。

有些人只是關注填飽肚子，卻不在意吃下去的不過是秕糠麩皮。

就連君王也都仰賴文人墨客，對他們的翎管[3]的顧忌遠甚於畫家手中的彩筆。

1 安提柯（約前三一九—前二三九），芝諾的學生、馬其頓國王，曾使其王國確立了對希臘的霸主地位。

2 芝諾（約前三三五—約前二六三），希臘思想家、斯多葛哲學學派創立者。

3 翎管，指西方古代用翎翮削製的書寫用筆。

善用隱身之法 ”

善用隱身之法，或為贏得敬重，或為提高名望。晤面常會敗興，思念有助仰慕。未識之時可能被當成獅子；得見之後方知不過爾爾。伸手可及的珍稀難顯其輝，因為首先看到的是其外在皮毛而非厚重精髓。

想像所及大於眼力，騙局大多成於耳聞而敗於目擊。能保眾望所歸者盛名不衰，就連鳳凰也是以隱自重、藉望爭寵。

理智的創新”

確有聰明過人之人，然而，哪個聰明過人之人不帶點瘋狂？

創新是聰明人的專利，而擇機則是審慎之士的特長。

創新也是天賦，而且還是更為難得的天賦。因為選擇是很多人都已經做到了的事情，能夠真正成功創新的可就不多了，而且又全都是那些才學出眾並占得先機的人。

創新是誘人的，如果能夠有成，則是好上加好。在有關理智的事情上創新會因怪異而有風險，在與智慧相關的事情上創新應該稱讚。不論在哪方面創新，只要能成功，全都值得慶賀。

切勿多管閒事”

莫管閒事，可免難堪。

要想被人尊重，必得先能自重。對自己，嚴苛好於放縱。受人歡迎才能得到款待。

切勿不請自到，不可無命而往。自己招攬的事情，一旦出了紕漏，必得自己承擔所有的埋怨；即便順利，也不會有人領情。好事之徒沒人待見。厚著臉皮自呈，結果只能是自討沒趣。

莫受他人之累”

必須瞭解清楚遭難的人、並注意他是否會求你與他共擔風險。他人常會求人幫助自己度過難關，那些平時對你不理不睬的人這時候也會向你招手。救助溺水的人需要特別小心，萬萬不可搭上自家的性命。

切勿完全仰賴於人”

切勿完全仰賴於人，完全仰賴於人就會變成奴隸和俗人。有人生而比別人幸運：幸運者施恩，不幸者受惠。自由貴於饋贈，因為，贈品可以得而復失。一個人應該為有人仰仗自己而自己不依賴別人而高興。

位尊唯一的好處是可以多做善事。尤其不能將所收人情當成便宜，人情大多是人家精心設計下的制約手段。

永遠不要感情用事”

永遠不要感情用事，否則必釀禍端。

不能自制的時候千萬不可盲動，衝動必定導致喪失理智。遇到這種情況，應該從一個心平氣和的理智第三者角度加以審視。

旁觀者因為無須摻雜感情而總是要比當局者更為清醒。一旦發覺自家火氣上升，就應該運用理智加以遏制，勿令情緒失控，否則就會幹出魯莽的事情，從而使自己一時之間鑄成多日難平的愧悔和招來別人的非議。

順應時勢”

理事、思考問題均需順應時勢。凡事都要為在能為之時，因為，時機不會等人。

切勿按照模式生活，除非是為了彰顯操守；切勿為欲求制定具體條規，說不定明天就得啜飲今日棄絕之水。

有些人不識時務竟至荒謬的地步，妄圖事事都遂自己的心願，而不是相反。然而，真正的聰明人卻明白：理智的準星是適時而動。

人的最大缺點”

人的最大缺點就是顯露出自己是人。一旦被發現其非常世俗，一個人就不會再被視為神。

輕浮是名望的最大剋星。正如莊重的人會被視為與眾不同一樣，輕浮的人則是難以被認可為人。沒有能比輕浮更為有損人格的缺點，因為，輕浮恰與沉穩相對。

輕浮之輩絕無內涵可言，愈老則愈甚，儘管年齡本該使人理智。這一瑕疵並不因為有之者眾，而就被人另眼相看、免受譴責。

敬、愛兼得，方可謂福”

為了持續讓人敬重，就不應被人過愛。
愛比恨更容易恣肆，愛與敬難相共存。
不應太被人懼，也不能太為人愛，由愛可致無間，因無間而致失敬。愛中
敬多於情才是人間正道。

善於察人”

要用理智的觀察應對審慎的經心。欲識人心，必得有心。知悉人的性情與資質，要比辨識花草和砂石的特點及功用更為重要。這是人生最為細緻的活動。

以聲音辨別金屬，從談吐判定為人。言辭固然可以揭示人品，然而，舉止更能盡顯其真。

所以，需要有非凡的警覺、深刻的觀察、敏銳的感知與精準的判斷。

要讓人品主宰職守”

要讓人品主宰職守，而不是相反。職位再高，也需表明人品更高。無盡才華可以假藉職務得以拓展與昭顯。

心胸狹窄的人容易受到職位的迷惑並最終身敗名裂，偉大的奧古斯都[1]引以為豪的，是其超凡的人品而不是其君王的尊榮。

心靈的崇高才是真正的崇高，理智的自信才會真正有益。

1 奧古斯都（前六三—一四），古羅馬帝國的皇帝。

關於成熟”

成熟不僅見諸形貌，更會見諸行為舉止。金貴以其質重，人貴以其德馨。成熟是集德之成，令人起敬。

人的外表是其心靈的體現，成熟不應輕浮得搖擺不定，而當表現出沉穩的威儀：言則珠璣，行則必果。

成熟是指歷練有素，因為，越成熟就越具個性，隨著稚氣的脫除，逐漸變得莊重而威嚴。

控制情感”

每個人都會按照自己的需要去詮釋事物，並列舉種種依據。大多情況下，結論總會受到情感的控制。兩人相爭，都說自己有理，可是，理只有一個，永遠不會變成兩張面孔。

面對這種尷尬，聰明人應該反躬自省，經過自查，也許會修正對別人的評價。

或許，更應換位思考，從對方的角度去核查其動機。這樣一來，既不會胡亂指責別人，也不會盲目自信。

少講大話，多做實事”

越是潦倒的人就越願意擺闊。

這種人總是坦然故弄玄虛，以求譁眾取寵，結果只能是貽笑於廣庭。虛榮向來可厭，在此更成笑柄。蠅營於名利的小人專注於乞討功績。

應該盡可能不要炫耀自己之所長，只管去做，讓別人去誇誇其談吧。做出成績來，但是，不要去叫賣。更不必賃得妙筆讚汙泥。

應該努力做個真正的英雄，而不是只圖貌似。

要做有德，而且是大德的人”

大德成就高人。大德得一可抵諸多小德之和。能使自己之所為皆成不俗，甚而至於化平凡為神奇者令人敬佩：越是超凡脫俗的人，越應努力使自己的精神境界崇高純淨。

上帝的一切都是無垠的、廣袤的，人傑亦當如是：一切都須博大、宏偉，以使所行、所言皆具恢弘、磅礴之勢。

時刻如在眾目睽睽之下”

能夠想著自己的一言一行都有人在看著，或者將被人看到的人令人肅然起敬。

這種人知道隔牆有耳、劣跡必洩的道理。即便是索居獨處時，也會持身如在眾目睽睽之下，因為他明白：若要人不知，除非己莫為，所以，他會將日後的知情者當成是眼前的目擊證人。

行事不避人者，從不擔心鄰居可能會窺視自己在家中的所作所為。

創造奇蹟有三寶”

豐沛的智慧、深刻的見地和豁達的性情，是造就灑脫人生的最重要稟賦。成思敏捷是一大長處，然而，思之得法、明辨是非更為重要。智慧應該是勤重於敏，不能植根於脊梁。思之有成是理智的結晶。

人在二十歲時做事憑興致，三十歲時用頭腦，四十歲時靠理性。

有人的悟性好似猞猁的眼睛，愈是暗處愈犀利。有人的悟性能隨機，總能隨心所欲，無往而不利，真是幸運至極，不過，豁達的性情可以受用終身。

讓人可望而不可及”

哪怕是玉液瓊漿，也只可置於人的唇邊。攫取的欲望是珍視程度的標誌。即便是對待口渴，高明的做法是刺激而非消解。好而少，倍加為好。一而再，快意大減。饜足是禍，可令蓋世奇珍也遭唾棄，保持魅力的唯一方法就是：吊著胃口，讓人可望而不可及。如果必定要讓人厭棄，寧願是使其失去得到的指望，而非因為享受過後的膩煩。費盡辛苦得來的歡樂會更加讓人陶醉。

總而言之：要做聖人"

千言萬語匯成一句話：要做聖人。

節操是連接一切美德的鏈條，是幸福與歡樂的核心。節操可以使人兼具慎重、殷勤、精明、睿智、博學、有為、沉穩、剛正、快樂、可敬等種種品格和成為人人愛慕的真正精英。

幸福有三個要素：聖潔、健康和聰慧。節操是塵世的太陽，並以良知作為根基。

節操乃是至美，兼得神與人的垂顧。沒有什麼比節操更為可愛，沒有什麼比惡癖更為可鄙。節操是實，餘者皆虛。才幹與人品應以節操而不是財富作為衡量的尺度。有了節操就等於有了一切。節操可讓活著的人可親，能令死去的人讓人追懷。

譯者簡介

張廣森

著名學者，西班牙語翻譯家，生於一九三八年，一九六〇年畢業於北京外國語學院（現北京外國語大學）西班牙語系，後留校任教二十餘年。一九七六至一九八三年曾主編《外國文學》雜誌，第一時間將優秀的外國文學作品介紹給中國讀者；主編的《新西漢詞典》、《袖珍西漢詞典》，至今仍是西語界暢銷的案頭工具書；一九八五至一九九六年期間，在拉美工作生活長達八年，深入瞭解拉美社會、文化、政治的各方面。

經典譯著包括《堂吉訶德》、《智慧書》、《博爾赫斯全集·詩歌卷》、《漫評人生》、《帝國軼聞》、《漫歌》等拉丁美洲著名作家的代表作，譯文因準確傳神、生動鮮活，在翻譯界和讀者中廣受好評，長銷不衰。

智慧書：300 則一生受用的處世箴言 / 巴爾塔沙．葛拉西安著；張廣森譯 . -- 初版 . -- 臺北市：時報文化，2019.12
面； 公分 . --（愛經典；30）
譯自：Oráculo Manual y Arte de Prudencia
ISBN 978-957-13-8053-7（精裝）
1. 格言

192.8 108020514

本書根據西班牙馬德里 TURNER LIBROS S. A. 出版社一九九三年版 *OBRAS COMPLETAS DE BALTASAR GRACIAN, II*（《巴爾塔沙．葛拉西安全集（二）》）譯出

作家榜经典文库®

ISBN 978-957-13-8053-7

Printed in Taiwan

愛經典 0030

智慧書：300 則一生受用的處世箴言

作者—巴爾塔沙．葛拉西安｜譯者—張廣森｜編輯總監—蘇清霖｜編輯—邱淑鈴｜美術設計—FE 設計｜校對—邱淑鈴｜董事長—趙政岷｜出版者—時報文化出版企業股份有限公司 台北市和平西路三段二四〇號四樓 發行專線—（〇二）二三〇六—六八四二 讀者服務專線—〇八〇〇—二三一—七〇五、（〇二）二三〇四—七一〇三 讀者服務傳真—（〇二）二三〇四—六八五八 郵撥—一九三四四七二四時報文化出版公司 信箱—10899 台北華江橋郵局第 99 信箱 時報悅讀網—http://www.readingtimes.com.tw｜電子郵件信箱—new@readingtimes.com.tw｜法律顧問—理律法律事務所 陳長文律師、李念祖律師｜印刷—勁達印刷有限公司｜初版一刷—二〇一九年十二月二十日｜初版六刷—二〇二三年七月二十四日｜定價—新台幣三六〇元｜（缺頁或破損的書，請寄回更換）

時報文化出版公司成立於一九七五年，並於一九九九年股票上櫃公開發行，於二〇〇八年脫離中時集團非屬旺中，以「尊重智慧與創意的文化事業」為信念。